上司の哲学

部下に信頼される20の要諦

江口克彦

PHP文庫

JN285803

○本表紙図柄＝ロゼッタ・ストーン（大英博物館蔵）
○本表紙デザイン＋紋章＝上田晃郷

まえがき

経営発展の大事な要因は二つある。目に見える要因と目に見えない要因である。目に見える要因とは、製品、技術、生産方法、販売方法、数字、あるいは工場や組織、体制、制度というものである。これらは目に見え、手に触れ、第三者が簡単に再現することができる。

一方、目に見えない要因とは、指導者の使命感、哲学、考え方、雰囲気というものである。これらは一定にして目に見えるものではなく、説明できるものではなく、触れることができるものではなく、容易に第三者が再現できるものではない。

経営の経験のない人、あるいは浅い人は、ともすれば目に見える要因だけを経営発展の要因として語りがちである。その方が明快に語るのに容易だからだ。最近も二人の若い経営者が、目に見えない要因を話す経営者を、お公家さん現象だと揶揄《やゆ》していた。つまり、「軍隊の強さの比較は、何千人の兵隊に対して、何丁鉄砲を持っているか、という比較をしてみれば、簡単にできる」と。しかし、本当にそうだろうか。もし、そうであれば経営者は不要、そう言うあなた方も不要、ということになるのではなかろうか。

旧聞であるが、ヴェトナム戦争で米国は、なぜ北のゲリラに敗北を喫してしまったのだろうか。圧倒的な兵力を米軍は有していた。兵士の数も、武器の数も、もちろん資金力の面でも敵を圧倒していた。それだけではない、コンピュータも駆使していた。しかし、十四年の年月をついやしたにもかかわらず、ついに勝利することはできなかった。

旧ソ連軍もアフガンに侵攻した。あの森林もないところでは、アフガンゲリラはアッというまに制圧されるだろうという大方の予想に反し、旧式の銃器しか持たないゲリラに、十万人以上の兵力と近代兵器を持った旧ソ連軍が敗れ去ってしまったのだ。この二例だけでも、軍隊の強さは、兵隊や銃器の数を比較するだけでは判定することはできないと言えるだろう。

しかし、だからと言って、そういう目に見える要因が無意味だ、不必要だということではない。目に見えない要因だけで勝てるものではないことは、太平洋戦争における日本を思い起こせば、すぐ理解できるだろう。ボーイングB29を竹槍で落とすことは不可能なのである。結局は、軍隊の強さは、兵力、装備、戦術、戦略等という目に見える要因ともども、大将や兵隊の使命感、哲学、考え方、気力、雰囲気という、説明しがたい、目に見えない要因が重要であるということだ。一つの要因だけではなく、二つの要因がバランスよく機能してはじめて、経営の発展も可能になるのである。

ところで、その二つの要因のバランスは五対五という割合ではない。私は二十二年間、晩年の松下幸之助を見てきた。その松下の経営の取り組み方から言うならば、目に見える要因が四、目に見えない要因が六のウエイトで経営することが好ましいと言えると思う。あるいはひょっとすると、松下の場合は三対七がバランス点であったかもしれない。実際、松下が晩年、経営者として、技術、営業、その他、全ての分野において精通していたかと言えば、当然のことながら、そのようなことはなかった。しかし、その経営力はほとんど衰えることはなかった。そういう松下の姿を見てきた私は、経営力、すなわち企業を発展させる力は、目に見えない要因に、より大きなウエイトがあるように思われてならない。

ある日、技術者が新製品の説明をして帰った後、松下が苦笑しながら、

「君、今の人の説明が判ったか」

と言う。当然ながら専門的な話だから判ろうはずもない。

「そやろうなあ。わしも判らんかった。技術の進歩は速いな。ああいうことを知っとるんやからね、今の人は。偉いもんや」

ひとしきり科学技術の話題となったが、ひょいと、

「技術的なことが判らないままに、うまく経営を進められますね」

と言ってしまって、ハッとした。まことに失礼千万なことを言ってしまったと動転したから、このことは、今でもよく覚えている。しかし、松下はニッコリ笑うと、

「けど、わしはな、ああいう優秀な人を使うことができるからね」

と言った。その笑顔とその言葉を印象深く記憶している。言い換えれば、経営者はそれぞれの分野で、自分よりも優れた人材を使う能力があればいいということだろう。

優れた部下を「使い、活用する力」があるかどうかが経営者の、また上司の条件ということになる。だから、経営者、上司には、優れた部下を育てる努力、優れた部下を側に持つ勇気、優れた部下を活用する叡知が求められる。極端に言えば、経営が判るものに経営を任せる、仕事ができるものに仕事を任せる、という人が経営

者であり、上司であるということであろう。

そのように人を活かし使うことが経営者、上司としての唯一の条件であるとするならば、経営者、上司は、見えざる要因を大事にしなければならないということになろう。ある程度の見える要因の理解の基に、一〇〇パーセントに近い見えざる要因を、上司は実践しなければならないのである。なぜなら、松下幸之助の言うように、「指示をして説得し納得させるまでは簡単だ。しかし、そのことに共鳴させ、感動させ、実行してもらうことは難しい」からである。共鳴や感動や実行は、見えざる要因によるところが大きい。

本書は、上司が部下から信頼されるための考え方、上司に部下が共鳴し、感動し、上司の期待通りに実行する哲学をできるだけ判りやすくまとめてみた。本書をお読み頂き、戦略、戦術等、目に見える要因も大事だが、経営を発展させるためには、目に見えざる要因、たとえば、理念、哲学、考え方、態度、雰囲気、ものの言いよう等の方が、はるかに大きく、はるかに大事だということをご理解頂ければと願っている。

上司の皆さんが、部下からますます信頼されるとともに、ますます活躍され、ますます大きな成功を収められることを心から願っている。

なお、本書を上梓するにあたっては、網中裕之氏にことのほかお力添えを頂いた。心からお礼を申し上げる。また、PHP研究所出版局小川充局長、担当の岡修平君、PHPエディターズ・グループの井上光子さんには制作過程においてさまざまな助言、励ましを頂いた。併せて感謝の気持ちを記しておきたい。

すべての人を自分より偉いと思って仕事をすれば必ずうまくいくし、とてつもなく大きな仕事ができるものだ――松下幸之助

江口克彦

平成九年十一月八日　東京・赤坂にて

上司の哲学

◆部下に信頼される20の要諦◆

目次

序

仕事の峠・人生の峠

会社というのはなんのために存在するのか。それはやはり、目的や目標、夢があるからである。「こういうことをやり遂げたい」「こういうふうになっていきたい」。そんな思いが原点となり、組織が生まれ、会社が生まれるのである。この目標や夢を、常に熱い思いを持って社員に伝えていく。それが、経営者や上司と呼ばれる人間の役割である。

日常の仕事一つひとつには、それぞれ峠がある。毎日の売上げ目標というようなな、具体的な目標がそれに当たるだろう。高い峠もあるし、比較的登りやすいものもあるだろうが、ともかく、この峠を越えなければ先へは進めない。そして、この峠を指し示すのが上司の役目なのだ。「今度はこの仕事をやり遂げよう」「少し高いが、頑張ってあの峠を越えようじゃないか」と部下に指示を出すわけだ。

しかし、これは単なる目の前の目標であって、大きな目標を示したことにはならないのである。なぜならば、一つの峠を越えても、そこにはまた次の峠が待ち構えているからだ。いったい、いくつの峠を越えればいいのだろう。最後にはどこに辿《たど》り着くのだろう。部下がこうした疑問を持つのは当然のことである。

上司であるならば、この部下の疑問に答えてやらねばならない。「いくつもの峠を越えるのはたいへんなことだ。でも向こうに高い山が見えるだろう。あの山を目指して我々は頑張ろうじゃないか」。その山こそが、最終的な目標であり「夢」なのである。この山がはっきりと見えるからこそ、厳しい峠も越えられるのだ。

しかし、この大きな目標を明確に示すことのできる上司は少ない。「この仕事は将来的にどうつながっていくのですか」と部下が聞いた時に、「そんなことは考えなくてもいい。とにかく目の前にある仕事をやれ。俺がやれと言ったらやるんだ」という言い方をする上司がいるとするならば、彼に上司としての資格はない。

日々の目標に向かって猛烈に努力する時期がある。特に若い頃は皆そうだ。上司に言われたことを全面的に信じ、ひたすら峠をかけ登る。そういう時期もあるものだ。

しかし、これは長くは続かない。大きな目標や夢が見えなければ、仕事は単なる苦行になってしまう。仕事が苦行になったならば、なんとか楽をしようと手を抜くことを覚えていく。歳を取るにつれて要領ばかりがよくなり、仕事への情熱はだんだん色褪《いろあ》せていくのである。こういうビジネスマンが今の日本には非常に多い。そしてそれは、上司が目先の峠だけしか示し続けないことに原因があるのだと思う。

我々は仕事をするために生きているのではない。自分の人生を豊かにするために、そして社会をすばらしいものにするために、その手段として仕事をしているのである。仕事は決して苦行であってはならない。夢に向かって真っすぐに伸びている希望の道でなければならないのである。

しかし、その道にはいくつもの峠がある。いかに登って、いかに下りていくのか。あるいは、つまずいて転んだ時にはどうすればいいのか。そんなことを私の経験のなかから書き進めていきたいと思う。

第一則　夢を与える

――夢がなければ眼は輝かない――

夢のない時代である。

戦後日本の経済は、奇跡とも言えるような発展を遂げてきた。それはなぜか。夢があったからである。豊かな暮らしをしたい。アメリカに追いつき、追い越したい。そんな夢があったからこそ、国民全体が一所懸命努力をしたのだ。たとえ日々の食事に困っていたとしても、着る物も満足になかったとしても、常に日本人は明日を夢見ていた。いつか、すばらしい生活ができるようになる。いつか、すばらしい時代がやってくる。その夢があればこそ、貧しいながらも眼の輝きだけは失っていなかったのである。

ところが、夢見た生活を手に入れ、アメリカに追いつき追い越したとたんに、日本人は夢をなくしてしまった。ほしい物はさほどの努力をしなくとも手に入る。シャカリキになって働かなくても、まあまあの生活をしていくことはできるだろう。頑張っても、手を抜いても、あまり変わらないのなら、楽をしたいと思うのが人間の心情だ。第一、企業や社会全体が夢をなくしているのだから、働いている社員に夢を持てというのは無理な話である。

「とりあえず生きている」というのが今の日本人の姿であり、「とりあえず潰《つぶ》さないように経営している」というのが今の企業の姿ではないだろうか。企業が低迷し、社会が混乱している。その原因はまさに、日本人が夢をなくしてしまったことにあるのだと思う。

――バカンスはあくまで「峠の茶屋」――

少し話は変わるが、最近日本にも、長期のバカンスを、という声が高まっている。欧米型のように、長期のバカンスで心豊かに人生を送ろうとする動きである。これはたいへん結構なことである。なにも働くことだけが人生ではない。しかし、このバカンス自体は目標や夢には決してならない。日々、目標や夢を追いかけながら必死になって努力をしている。だからこそ、その活力を養うためのバカンスが生きてくるのではないだろうか。もし今、年に数回のバカンスのために働く、あるいは楽しみだけのために苦しい仕事を我慢するという傾向があるとしたなら、それは寂しいことだと私は思う。

人生に目標や夢があるからこそ我々は生きてゆける。〝常夏《とこなつ》の島でのんびり過ごす〟ということは決して人生の目標にはならない。もしそれが目標だと言う人間がいるなら、それは単に現実から逃避しているだけだ。夢のなさをさらけ出しているだけなのである。

バカンスはあくまで、峠にある茶屋である。茶屋は峠を越えるために疲れた足を休める場所であって、ずっとそこに留まっているものではない。足を休めたら再び歩き出す。ひたすら高い山を目指して、力の限り登り続けていく。それこそが充実した人生と言えるのではないだろうか。

高い山を目指して登り続ける人間には、自然と風格や品格といったものが生まれてくる。そして、大きな夢がある限り、人間は決して堕落しないと私は思うのである。

ビジネスマンも同じことだ。そして、この高い山を部下に指し示し、大きな夢を与えることが上司の役割である。部下に夢を与えることができず、ただその日の仕事だけの指示しかしない。これでは「木を見て森を見ず」になってしまう。そうなれば、部下は必ず道を間違えてしまうだろう。会社の方針と違う方向に行ってしまったり、あるいは知らぬ間に悪事につながるような行動を取ってしまったりするかもしれない。

これは当然のことだ。森全体が見えないのに、目の前の木だけを見て歩けと言う方が無理なのである。目の前の木はもちろんのこと、森全体をしっかりと把握し、そして遠くに見える高い山を目指していくことで、人は頑張ることができるのではなかろうか。

――大きな夢を次代につなぐ――

松下幸之助は、いつもこの夢を語り続けてくれた。

「PHP研究所は二十一世紀の日本をリードするような組織になっていかなければならない。社会に貢献し、多くの人から頼りにされるような研究所になっていかなければならない」

そんな大きな夢を、松下は私に二十二年間、語り続けてくれた。言葉を変え、形を変えながら、この熱い夢を語り続けてくれた。この夢があったからこそ、この心の支えがあったからこそ、今日まで私はやってこられたのだと思う。そして社員全員がこの夢を目指しているからこそ、今も発展し続けているのだろう。

松下電器を創業してまだ間もない頃、松下は二百五十年後の夢を社員に語りかけている。「松下電器の生産した電気製品を通じて日本をすばらしい国にしたい。そのような願いの実現を我々が十世代にわたって熱心に目指していくならば、二百五十年後には相当の成果が上がるだろう。私は松下電器をそういう会社にしたいんだ」と。

なんという壮大な夢だろう。なんというすばらしい目標だろう。この夢と目標を、松下は毎日のように社員に語りかけていたという。まさに「あすなろ物語」である。今はこの程度の会社でしかない。この程度の峠しか登っていない。でも三十年後はあそこまで登ろう。百年後にはこうなっていよう。そして二百五十年後の頂上を目指そうじゃないか。

こんな壮大な夢を与えられた社員は本当に幸せである。今は私たちが会社で働く時間は、松下がこの夢を語り出した頃よりも長くなっているが、それでもせいぜい三十年か四十年であろう。自分がいる間に夢は実現しないかもしれない。だからこそ、大きな夢を次世代へとつないでいく。次世代の人間が夢を叶えられるような環境をつくっておこうと努力する。

松下電器を定年退職した大先輩も、現役の取締役も、そして入社したばかりの新入社員も、全ての人間が一つの大きな夢を持っていた。これが松下電器が発展してきた一つの大きな理由なのである。

――夢なきところ、誇りは生まれない――

夢と志を示すことによって、社員のなかにはプライドが生まれる。「私はすばらしい夢を持った会社の一員なのだ」という誇りを持つことができる。誇りを持つことによって自信が生まれてくる。苦しい峠を登り切る強さも生まれてくる。そして大きく気高い夢は、人生のすばらしさをも教えてくれるのである。

夢のないところに誇りは決して生まれない。人間は誇りを失うと、平然と悪事を為《な》すことになる。誇りがあるからこそ、高い理想へ到達するために自制心が働くのである。

昨今の経済界を見ていると、連日のように法を犯した人間が捕まっている。決して当人だけの問題ではない。高い理想、夢のない経営者たちが、罪を犯す人間をつくり出しているのである。夢のない、目の前の木だけしか見えない、なんと品格のない経済界になってしまったのかとつくづく思う。

松下幸之助をはじめ、土光敏夫氏や本田宗一郎氏といった昭和を代表する経営者たちを見ればよく判る。彼らは人を欺《あざむ》いたり、社会を騙《だま》したり、法を犯したりということは決してなかった。なぜなら彼らには、常に高い理想と人間としての誇りがあったからである。

――大きな夢に向かって歩こう――

夢とは、実現することだけが目的ではない。夢に向かって突き進むことこそが尊いのである。

少し前の話になるが、私があるテレビの討論会に出た時のことである。その番組のテーマは「日本の税金について」だった。かねてからＰＨＰ研究所では松下幸之助の考えを基に「無税国家論」というものを提唱している。いくら一所懸命働いても、その多くを税金として国にとられてしまう今の税金制度。そして非常に不明瞭な税金の使い方。これが国民のやる気を喪失させているという考えで、税制の根本的な見直しを図ろうとするものである。

個人あるいは企業体が、努力した分だけの見返りがある。そして税金に頼らなくても政治の生産性を高めることによって福祉はきっちりと運営されていく。いわば近代国家の理想に近い形であろう。国民にもっと夢を抱かせるために、日本をもっと品格ある国家にするために、私共が長い年月をかけて追い続けているテーマである。

これを私は討論会の席で提唱した。そうすると、私の発言が終わるか終わらないかのうちに、ある女性評論家から反発の声が上がった。「そんな夢を話してどうするのですか」と言うのである。私は「実現するかしないかはともかくとして、国民に夢を与えることは、とても大事なことじゃないですか」と思いを伝えようとしたのだが、「夢はあくまで夢であって、そんなものは意味がない」と彼女は最後まで突っぱねたのである。私は非常に寂しい気持ちになった。

人は幸福な人生を送りたいと思うから、そしてそこに夢があるから、頑張れるのではないだろうか。もしかしたら実現しないかもしれない。単なる夢で終わるかもしれない。でも、それを追いかけていくことが生き甲斐につながるのではないだろうか。夢をなくした人間は、いろいろなものをなくしていく。やる気をなくし、信じる気持ちをなくし、品格をなくし、愛する気持ちをなくしていく。そして最後には人間らしさをなくしてしまうのである。

現代は確かに夢のない時代かもしれない。「夢なんか意味がない」というその女性評論家の一言が、まさに現代を象徴している。そんな時代だからこそ、自らが夢をつくり出し、その夢に向かって歩くことが大切なのである。

私は一つの大きな夢を松下幸之助という人から受け継いだ。とてつもなく大きな夢で、とても私が完成できるものではない。しかし私はこの夢を、次世代の人たちへと伝えていきたいと思う。

私が生ある間に夢は叶わないかもしれない。それでもかまわない。私が生涯を閉じる時に、大きな夢に向かって力強く歩んでいるわが社の姿、わが国日本の姿を見ることができれば、私はそれで充分なのである。

第二則　考え方を示す

――勝つことだけが大切なのではない――

峠を越えてあの山に登れと部下に指示を出す時に大切なことは、登り方を教えることである。つまりは仕事への取り組み方、考え方をよく伝えておかなければならない。道に迷った時はどうするのか。沢を前にして動けなくなった時にはどう考えるのか。この基本を教えずに、ただやみくもに峠に登ることだけを指示していたのでは、必ずや転落してしまう。

今から約十数年ほど前、旅客機が御巣鷹山《おすたかやま》に墜落するという悲惨な事故が起きた。この時にある企画会社がつぶれた。ご記憶の方もおいでだろう、なぜつぶれたのか。事故が起こると、すぐにその企画会社は社員を墜落現場に送り込んだ。そして御巣鷹山の土を集め、それを化粧箱に入れて一個五万円で遺族に売ろうとしたのである。

　遺族が嘆き悲しんでいる時に、なんと心ないことをするのだろうか。マスコミもこれを一斉に叩《たた》き、結局その企画会社はあっという間に倒産に追い込まれた。当然のことである。これこそ手段を選ばず、ただ登ることだけを考えていた結果であろう。考え方とはつまり、経営の基本理念であり経営哲学である。この会社には経営理念など微塵《みじん》もなく、ただひたすら金儲けだけを考えていたのである。

　ある経営者が『勝てば官軍』という本を出した。そのなかに「勝てば官軍、負ければ倒産」と書かれている。あらゆる手段を使ってでも、企業は商売を成功させなければならないと声高《こわだか》に叫んでいる。

　しかし私は、その考え方は間違っていると思う。そういう考えはまた、前述の企画会社のやったことにつながっているのではあるまいか。やはり企業は、経営理念にしっかりと基づいたうえで勝っていくべきである。「勝てば官軍」という発想は、社会を騙してでも、法を犯してでも、とにかく会社を成功させようという考え方に、やがてつながっていく。たとえその時は勝ったとしても、長い目で見れば必ず世間の信用を失い、その会社は衰退していくであろう。

―― 勝ち方の美しさを競う ――

今、我々が考えなければならないのは勝ち方である。勝ち負けだけを競うのではなく、勝ち方の美しさを競うべきだ。「経営の美学」というか、仕事に対する美学を持たなければならない。この美学が失われているところに、さまざまな問題や不祥事が起こっているのである。

松下幸之助をはじめとする名経営者たちに風格があったのは、彼らには経営武士道があったからだ。彼らは勝つこともさることながら、勝ち方に重きを置いた。自らが決めた基本の考え方を守り抜く強さがあった。

「人生と経営は賭け事ではない」と松下は常々口にしていた。〝経営をやるうえにおいて、投機的な土地や株に手を出して利益を上げるなどというのは経営の邪道である。あるいは政治とコミットしながら、政治家を利用しながら利益を上げるのは邪道である。そんなものは経営者の風上にもおけぬ。経営者は純然と経営で勝負をするんだ〟という美学を持っていた。これは、本田技研工業の本田さんにしてもソニーの盛田さんにしても同じであったろう。

ところが今の経営者にはこの美学がない。基本理念を口にはするが、ちょっと儲かるような誘惑が出てくると、あっさりとその理念を捨ててしまう。高い理想の山を目指すのではなく、おいしそうな峠ばかりに登ろうとする。その結果がバブル経済である。おそらく土光さんや松下が目を光らせている時代であれば、バブルはなかったであろうと私は思っている。

では、なぜ今の経営陣に美学がないのか。それは自分自身で考え抜いていないからである。どんな考えで経営に取り組むのか、この会社はなんのために存在するのか、会社をどの方向に進めていくのか、といったことを必死になって考えていない。単なる思いつきで考えたり、前任者の考えを引き継ぐだけだったり、あるいは評論家の言ったことの受け売りだったりするだけだ。血肉になっていないのだ。

これは、なにも経営者だけでなく、上司の人たちにも言えることだろう。自分で考え抜き、自分のなかから出てきた信念がない限り、経営はできないし部下を引っ張ることもできない。それは一種の「悟り」と言えるだろう。

考え抜いた末に「これだ!」という血肉になったものを表現するのが、経営理念であり、考え方なのである。そして血肉としての考え方であるとすれば、それを捨て去ることは自分を捨て去ることになるのである。経営者や上司がどんどん自分を捨てていく姿を目にすれば、部下は決してついていこうとは思わないであろう。

――方針が全ての物差し――

会社の方針、あるいは部の方針というように、方針という言葉がよく使われる。ではこの方針とはいったいなんなのか。

方針とは、「考え方」プラス「具体的目標」プラス「夢」のことである。この方針を明確にすることによって、部下は努力の方向を見つけ出し、そして仕事をしていくうえでの物差しができ上がるのだ。この物差しが正しく使われているか、つまり方針に沿って仕事をしているかを、上司はよく見ておかなければならない。

私はこの「方針を守る」ということが、仕事の基本であると考えている。したがって、部下が方針に沿ってやったけれども失敗した時には、決して叱ってはならない。「心配するな、俺が責任をとってやる。それよりも夢と志を失ったらダメだぞ」と上司が言うべきである。逆に方針を守らずに失敗したなら、これは徹底的に叱るべきだ。この繰り返しで部下たちは、会社の方針を腹のなかに入れていくものなのだ。そして、しっかりと方針が腹のなかに入ったならば、後はできるだけ自由にやらせることが大切だ。

私はそのことを松下幸之助という人に叩き込まれた。松下は、こと方針に関してはワンマンであったと思う。しかしその方針に沿った活動であるならば、とにかく自由自在にやらせてくれた。方針に沿ったうえで新しいことをやりたいと言うと、いつも「やってみなさい、好きにやってみなさい」と後押しをしてくれたものだ。ところが方針に沿わないようなことをしようものなら、それはもうメチャクチャに怒られた。三時間立たされて、ぶっ続けで叱られたこともある。それを繰り返しながら私は、松下幸之助の経営哲学を腹のなかに落とし込んでいったように思う。

成功にも二種類の成功がある。方針に沿ったうえで成功した場合と、沿わないで成功した場合だ。上司はそれをよく見極めなければならない。単純に成功したから、売上げが伸びたからといって喜んでいてはならないのである。その成功が基本の考え方を無視し、夢にもつながらないものであるならば、それを評価してはならない。それが上司たるものの美学ではないだろうか。

ただ勝てばいいというものではない。成功すれば全て良しというものではない。そのことを私は松下から教えられた。そして、この基本の考え方さえしっかりとしていれば、即ち経営理念さえしっかりと持っていれば、それは必ず成功につながっていくものと私は信じている。

――人々に喜んでもらうことが仕事の原点――

松下幸之助は自分の事業を考える時に、まずお客さんが喜んでくれるものはなんだろうかと常に考えた。売れ行きが悪くなった時には、なぜこの商品はお客さんに喜ばれないのだろうかと考え抜く。自分のところの商品を買ってくれるお客さんの喜びが、松下の仕事の原点だった。

ところが今のほとんどの経営者たちはそうではない。〝売上げを伸ばすためには、どんな売り方をすればいいのか。どういう宣伝が効果的なのか。あるいはどんなふうに人に紹介してもらえばいいのか〟と、そんな戦術ばかり考えている。つまり消費者は二の次で、自分の会社のことしか考えていないのである。それが松下との根本的な違いなのだ。

一九七〇年、大阪で万国博覧会が開かれた。この時、松下電器は大きな池のなかにパビリオンを建てた。それは法隆寺の夢殿を模した美しいもので、マスコミなどでも話題になり、このパビリオンを一目見ようと、多くのお客さんが長蛇の列をつくったのである。

夏のある日、松下は突然このパビリオンを訪れた。そしてお客さんと一緒に長蛇の列に並んだのである。その会社のトップなのだから、別の入口から簡単に入れるにもかかわらず、炎天下のなか二時間も並んでいたのである。

二時間かかって、やっとパビリオンのなかに入った時、松下は係りの人に三つの指示を出した。一つ目は、もっとスムーズにパビリオンに入れるような新しい誘導方法を考えること。二つ目は、日よけになるように、ところどころに大きな日傘を設置すること。そして三つ目は、紙の帽子をつくって並んでいるお客さん全てに配ること。

この帽子が話題になった。紙の帽子をつくるからには、当然帽子には「ナショナル」という文字を入れる。お客さんはこの帽子をもらうわけだが、松下のパビリオンを出てからもかぶり続けている。つまり他の電機メーカーのパビリオンにも、ナショナルの帽子をかぶって入って行くのである。その光景を見て他社の人たちは、「さすが松下さんは商売人だ。万博の会場までも宣伝の場に使おうとしている」と皮肉を込めて言ったという。

しかし、それは違う。松下は万博の会場を宣伝に使おうと思ったのでもなんでもない。ただ純粋に並んでくれている人たちを気の毒に思っただけなのである。それが結果として宣伝効果を生んだに過ぎない。松下にすれば、炎天下の行列を終えれば帽子を捨ててもらっても全くかまわなかった。これが松下幸之助の哲学なのである。

――方針の徹底こそが発展の基本――

なんのためにこの会社はあるのか。どんな理想をもってこの事業をしているのか。この考え方を日々社員に伝えることが、経営者や上司の役割である。それは二度や三度言ったところで伝わるものではない。常に言い続けなければならない。

かつてマツダのY氏が社長に就任した時、Y氏は松下のもとを訪れた。そして経営のコツを教えてほしいと言った。確かマツダが苦戦を強いられていた時期であったと思う。その時、松下はこう言った。

「そんな、私が教えられるようなことはありませんな。でも、もしあるとすれば、Yさんの考え方を社員に周知徹底することでしょう。繰り返し、繰り返し話をして、考え方をわかってもらう。それだけやっていればよろしいですわ。そうすれば会社は自然に良くなっていきますよ」と。これをYさんが実践したかどうかは知らない。しかし、Yさんが社長の時にマツダが元気を取り戻したのは事実である。

上司であるならば、一瞬たりとも考えることを止めてはならない。常に今の仕事を問い続け、そして血肉となった方針を部下に伝えていかなければならない。それが部下に対する責任であると共に、社会に対する責任でもあると私は思うのである。

第三則
ほめる

――口先だけでほめてはいけない――

「ほめる」ということは、実は人間観と非常に深く関わっていると思う。つまり人間という存在をどう見ているかである。

松下幸之助は確固たる人間観を持っていた。人間は誰でも無限の可能性を持っている。そういうふうに、人間に対する絶対的な評価を持っていた。今は新入社員だけれど、やがてこの人はとてつもなく大きな能力を発揮してくれる。そんな期待を全ての人間に対して持っていたのである。松下が、役員たちに対しても新入社員に対しても全く変わらぬ態度で接していたのは、この考え方が根底にあったからであろう。

「ほめる」というとすぐに、言葉でいかにほめるかということを考える人が多いが、これは違う。「人間の本質を評価すること」こそが、ほめることになるのである。相手の本質を評価せずに口先だけでほめるのは簡単だ。「こいつは大した力はないけれど、まあクサッてもいけないから、この辺で少しほめておくか」という気持ちで、「君、よく頑張ってるな」とおだてる。最初の一、二回は言われた方も嬉しいかもしれないが、こんなものは長続きはしない。そのうちに部下は、「なんだこの上司は、人を小馬鹿にして」と反感を持つようになるだろう。

なにも口先で心地好いことを言うのがほめることではない。その人物の本質や能力を心の底から評価しているのであれば、叱ることさえ、それはほめることになるのである。要は人間をどう見るかだ。

――人格を認めれば信望が集まる――

私が講演で「松下幸之助の人材育成」について話をすると、時折そのあとで質問されることがある。

先日も、学校の先生たちのある会合に呼ばれて話をした。講演のあとの質疑応答の時、一人の先生が聞いてきた。

「私はできるだけ生徒のことをほめるよう努力しているのですが、生徒たちはなかなかついてきてくれません。どうしてでしょう」と。私はその先生に聞いた。「あなたは人間をどう考えているのですか、とらえているのですか」。するとその先生は、「人間というのは小さな、つまらない存在ですよ」と答えた。

「もし人間がつまらない存在だとすれば、どうしてそのつまらない人間を大切にしろなどということが言えるのですか。すばらしい存在であるからこそ、お互いを大切にしようとする気持ちになるのではないですか。そういう、人間は小さな存在、つまらない存在というような人間観を持ちながら生徒をほめても、生徒はついてこないでしょう」と私が言うと、その先生は絶句してしまった。

人間を尊重するこの気持ちが大切なのだ。先生の気づかない能力を生徒はたくさん持っている。それは必ずいつか発揮されるだろう。そういう目で見ていくところに、人間を大切に思う心が芽生えてくる。一人ひとりの人格を大切に思う気持ちがあれば、生徒にしろ部下にしろ、必ずついてくる。そして、信望が集まる。

私も経営に携わるようになってからは、松下に本当によく叱られた。しかしどんなに厳しく叱られても、松下に対して反感を持ったことはただの一度もなかった。恨んだり、逃げ出したいという気持ちには決してならなかった。

それは松下が一所懸命叱っているその奥に、私の人格を認めていてくれる、あるいは私の能力を評価していてくれるということを、常に私自身が感じていたからである。叱っているその眼の奥に、大きな優しさと温かさをいつも感じていたのである。

松下幸之助の周りで仕事をしていた人はみな、一様に松下に叱られたことを自慢気に話す。叱られたことが最高の思い出のように話をする。このような経営者が他にいるだろうか。そういう松下のようには私はとてもなれないだろう。だからせめて、人間を大切にする心だけは受け継いでいきたいと思う。

松下はよく、部下に手を合わせることができる上司でないとダメだ、ということを言っていた。部下の表面ばかりを見るのではなく、部下の持って生まれた人間的能力、あるいはその人の人格そのものを見つめる力があるかどうかが問われるのだ。表に出てきた実績を評価し、ほめることは簡単なことだ。そうではなく、これから発揮されるであろう能力を信じ、部下の存在そのものを受け入れることが大切なのである。

――人間のなかに仏を見出す――

かつて建仁寺《けんにんじ》に、俊崖和尚《しゅんがいおしょう》という高名な学問僧がいた。この俊崖和尚のところに、釈宗演《しゃくそうえん》という人が小僧として修行に入った。ある日和尚が出かけることになり、帰ってくるまでに部屋の掃除をしておくようにと宗演に指示を出した。ところが、あまりの陽だまりの気持ち良さに、この宗演という小坊主は掃除をしないまま寺の廊下で昼寝を始めてしまった。それも和尚の部屋の出入りするところにゴロンと寝てしまったのである。

ウトウトといい気持ちであった。しばらくしてミシミシと廊下を歩く音がする。気がつけば、和尚が帰ってきてしまったのだ。もうここで飛び起きるわけにはいかず、そのまま身を固くしてじっとしていた。和尚の足が宗演の前で止まった。小坊主が和尚の言いつけを聞かないということは、これはたいへんなことなのである。ましてや和尚の部屋の出入口あたりで昼寝をするなどということはもっての外だ。

宗演は覚悟を決めた。「コラッ、掃除をさぼってこんなところで寝ているとは何事だ！」と怒鳴られ、身体を蹴飛ばされるに違いない。それくらいの失敗をしてしまったのだから仕方がない。そう思いながら、また身を固くしていた。ところが和尚は蹴飛ばしはしなかった。儀崖和尚は年端もいかない小坊主の身体をまたぐ時、「ごめんなされや」と小さな声で言って自分の部屋に入っていったのである。

これに宗演は感激した。叱らなかったということではなく、「ごめんなされや」という一言に涙が出るほどに感動した。この偉い和尚さんが、自分を一人の人間として認めてくれている。それは人間として最高の喜びではないだろうか。それから宗演は一念発起して、ものすごく勉強と修行に励んだ。そして三十いくつという若さで、鎌倉円覚寺の管長にまでなったという。

これが人をほめることの真髄ではないだろうか。松下はいつも部下に手を合わせていたと言っていい。なにに向かって手を合わせるかというと、その人のなかにある能力や人格に向かってである。仏教的な言い方をするならば、その人間のなかにある仏様に向かって手を合わせるということであろう。このことを忘れて、最近はほめるテクニックばかりが取りざたされている。〝こういうほめ方をすれば部下は動く〟などと、表面ばかりを見ている。その類いの本がたくさん出版されている。

人間関係を円滑にするためには、それなりのテクニックも必要かもしれない。しかし、そのテクニックの前にある心を見逃してはならない。心があるからこそテクニックも活きるというものだ。私は個人的に言えば、心さえあれば、口先だけのほめ言葉など必要ないとさえ思っている。

――人間を知らずに、人を引っ張ってはいけない――

「人間とはなにか」を考えたことのない上司、もっと言うならば、部下のなかに人間の本質を見出せない、本質に対する絶対的な評価ができない上司、部下のなかに仏の姿を見出すことのできないような上司は、上司としての資格がないと私は思う。

もし人間の尊厳を大切にできる上司であるならば、決して恐怖政治を敷くことはできない。部下を脅し、怖がらせながら引っ張っていくようなやり方は決してできないだろう。肩書を振りかざしながら、あるいは権威で押さえつけながら部下を引っ張っていこうとするような上司は、今すぐにその座から降りるべきなのである。

部下の人たちは全て人間である。その人間というものを引っ張り、人間を活用しながら一つの仕事をしていく。したがって人間とはいったいなにかということが判らなければ、人間である部下を引っ張っていくことはできない。こんなことは当たり前のことであろう。

にもかかわらず、今の上司の人たちは、仕事の成功ばかりに目を向け、人間とはなにかを考えていない人が多い。本来上司となるべき人間は、仕事とはなにかを考える前に、人間とはなにかを考えるべきである。一度も人間について考えたことのない上司がいるとすれば、それは私に言わせれば偽物の上司である。そのような人に組織を動かし、部下を引っ張っていく資格はない。

人間の本質を信じ、認めるということは、結局は人間関係の根本であろう。上司、部下の関係だけでなく、全ての人間関係に通じるものだ。部下も人間だ。生徒も人間だ。家族や隣人も全て尊い人間である。そのことを、決して忘れてはならない。

第四則
熱意を評価する

――熱意なきところ、成功なし――

仕事をしていく時に、あるいはまた人生を歩んでいく時に、なにがもっとも大切かと言えば、やはり熱意ではないかと私は思う。なんとしてもこれをやり遂げたい、成功させたいという強い熱意をもった時、すでに半ば成し遂げられたと同じなのである。熱意は知恵や姿勢、取り組み方など、あらゆるものを生み出していくものだ。

たとえば、ここに梯子《はしご》のない二階建ての建物がある。二階には上る術《すべ》がない。しかし、なんとしても二階に上りたいという熱意さえあれば梯子をつくるだろう。もっと頻繁に安全に上ろうとするなら、階段というものを考え出すに違いない。ちょっと上ってみたいな、くらいの気持ちからはなにも生まれてはこない。熱意があるからこそ、そこに工夫が生まれてくるのである。

戦前、ある大手の会社がアメリカに商社を設立した。この時アメリカでの営業活動ということで、英語を喋れる人を中心に人材を送り込んだ。ところが、なかなか業績が伸びない。

そこでそこの社長は「エイヤッ!」という気持ちで、英語は全くダメだが営業活動に熱意のある部下を送り込んだ。これが大成功を収めた。英語はできないけれど、なんとしても成功させたいという熱意があるから必死で英語を覚えようとする。たとえ英語が不充分でも、なんとか思いを伝えようと身振り手振りで接していく。その熱意がみごとに相手に通じた。そしてついには大きな商社の基礎をつくってしまったという。

成功を収めていくには、何段階かのプロセスがある。まず最初は願望から始まる。何々がしたいという願望から全ては始まるのである。次にその願望を、単なる願望から目標に変える。そしてその目標を達成しようと決意するわけである。決意をしたら今度は実行に移す。そして実行したらそれを継続していく。これが夢の実現へのプロセスなのである。

そしてこのプロセスに絶対に必要なのが熱意だ。夢をなんとしても実現したいという熱意が、願望を目標や決意へと変えていく。熱意があるからこそ実行に移し、継続していくことができる。夢を夢で終わらせるのか、夢を現実の成功へと導いていくのか、その差はただ一つ、熱意を持っているかどうかなのである。

したがって部下を評価する場合においても、熱意があるかないかを上司はよく見なければならない。同じ結果をたまたま出したとしても、熱意がないのに偶然に成功したような人間を評価してはならない。それは単に器用であるだけで、長くは続いていかない。またほめる時にも、「よくやってくれたな」と結果だけをほめるのではなく、「これを達成するためには相当な苦労があっただろう。よく熱意を持ってやってくれたな」という評価をするべきだ。これが部下に熱意の火を消させないためのほめ方なのである。

――熱意が熱意を引き出す――

私が松下幸之助の側について三年か四年くらいの時だった。アメリカのハーマン・カーンという学者が松下に会いに来ることになった。未来学者のカーン氏は「二十一世紀は日本の世紀だ」と公言し、当時日本でも話題になっていた人物である。

ある日、松下は私に聞いてきた。

「君、ハーマン・カーンという人を知っているか？」

私はすぐさま「ハーマン・カーンという人は、二十一世紀は日本の世紀だと言っているアメリカのハドソン研究所の所長で、未来学者です」と得意気に答えた。松下は「そうか」とうなずいた。

そして次の日、松下は再び「君、ハーマン・カーンという人はなにをする人や」と聞いてきた。私はアレッと思った。昨日説明したはずなのに、もう忘れてしまったのかと思い、再び「ハーマン・カーンという人は、二十一世紀は日本の世紀だと言っているアメリカのハドソン研究所の所長で、未来学者です」と、まるでテープレコーダーを回しているように前日と全く同じ説明をした。「そうか」と同じように松下はうなずいた。

三日目、またまた松下は聞いてきた。

「君、ハーマン・カーンという人は誰や」

私は半ば憮然とした。もう二回も説明したのに、なぜ覚えてくれていないのか。しかし聞かれたら答えないわけにはいかない。「ハーマン・カーンとは」と少し語気を強めて私は今までと全く同じように答えた。「私の言うことをこの人は真剣に聞いてくれているのだろうか？」と、この日は一日中なんとなくイライラした気分で過ごしたのを覚えている。

その日の夕方、松下を車まで送った後、私はハタと気がついた。「そうか、三日間も続けて同じ質問を繰り返したのは、私の説明が足りなかったからだ」と思い当たった。

私はすぐに書店に走り『西暦二〇〇〇年』というカーン氏の著書を手に入れた。六百ページにもわたる大作である。それを夕方から研究所に戻って読み始め、内容の概略を記録用紙三枚にまとめた。また、忙しくて目を通す時間がないといけないと思い、その記録を朗読してテープに吹き込んだ。全ての作業を終えた時、外はすっかり明るくなっていた。

記録用紙を胸のポケット、テープを横のポケットに忍ばせて、私は意気揚々と松下のところへ向かった。ところが松下はハーマン・カーンについてはなにも聞こうとしない。昼食の時、松下が「君、今度な……」とそこまで言った途端思わず私の方から「ハーマン・カーンさんが来るんですよね」と応じてしまった。すると松下は、「そうや、君、その人のことを知っているか？」と聞いてきた。私は心はずむ思いで報告した。説明は三十分ほどであったが、松下は熱心に聞いてくれた。終わった時の私は気分爽快であった。

ところが、吹き込んだテープを手渡すことは忘れていた。松下が帰るという時に思い出して、そのテープを私は車に乗り込んだ松下に手渡した。すると「ああ、そうか」と松下は受けとると、車のシートに置いた。

私は松下が、きっとこのテープを忘れ、置いたまま降りるだろうと思った。そう思ったからテープを渡したことはすっかり忘れていた。

翌朝、松下を迎え、車のドアを開けた。松下は車から降りて、私の立っている真ん前に来て、私の顔をじっと見た。そしてニッコリと笑うと、「君、なかなかいい声しとるなぁ」と言ったのである。

私は胸が熱くなる思いがした。

私の声は誰が聞いてもいい声と思えるような声ではない。それは「よく気がついたな。よくここまで努力したな。内容も良かったぞ」という気持ちを、「君、いい声しとるなぁ」の一言で全て表してくれたのである。その気持ちが私にははっきりと判った。

何回も同じ質問をする。どうして同じ質問をしていたのか。それは松下が私が気づくのをじっと待っていてくれたのである。

――才能には大して差があるものではない――

成果だけをほめられていれば、「とにかく結果を出しさえすればいいんでしょ」というふうになる。しかしそのプロセス、成果を出すまでの熱意をほめられれば、そこに喜びとやる気が生まれてくる。「君、いい声しとるなぁ」という一言はそのプロセス、熱意を評価している。だから、「よし、次も頑張ろう」という気持ちになってくる。

それが人間なのである。松下幸之助という人は、この人間の持つ熱意を非常に評価した人だ。松下に言わせれば、人間の才能にはほとんど差がないという。一流大学を出ようが五流大学を出ようが、才能には大して差はない。せいぜい五十五点から六十五点くらいの間で、十点くらいの差しかないのだと。

だが、五十五点の人でも熱意さえあれば七十点にも八十点にもなる。六十五点の人でも熱意がなければ、逆に六十点以下になってしまうだろう。それが松下の根本的な考え方なのである。

しかし熱意を評価するには時間がかかる。なかなか成果が表れないのに、それでも評価をするというのは、なんとももどかしいものだろう。だが、松下はそれをじっと我慢して待っていてくれる。

ハーマン・カーンのエピソードにしてもそうだ。一日目に報告した時に、いや二日目にでも、「君、その報告ではダメだ。明日はもっと詳しいことを聞かせてくれ」とは決して言わなかった。私が気づくまで待っていてくれるのだ。なぜなら、「もっと詳しく」というのは単なる指示に過ぎない。上司の言われたままに仕事をしていたのでは人は伸びていかない。自らがハッと気づいてこそ、仕事は血肉となっていくのである。

——根気がなければ人は育たぬ——

〝気づきの育成〟〝気づかせる指導〟というのが松下の人材育成法だ。そして、この気づきの育成をするためには、結局自らに部下を育てようという熱意がなくてはならない。根気よく部下に気づかせようとするためには、とんでもないエネルギーが必要だ。そのエネルギーを生み出すのは、「こいつを育ててやろう」という熱意しかないのである。

昭和四十六年七月、私は松下幸之助の『人間を考える』という本の制作に携っていた。松下の基本的な考え方、哲学を一冊にまとめようとしたもので、松下にとってもこれまでの人間観の集大成のような作品であった。毎日朝の九時から五時半までみっちりと、松下の考え方を聞きながら私がその原稿を整理していくわけである。

相当に神経を集中させなければできない作業であった。これを始めて二、三週間くらい経った時である。「『ＰＨＰのことば』の改訂版を出そうと思うんや。君、すぐに取りかかってくれんか」と言い出したのである。

昭和二十八年に出版された『ＰＨＰのことば』も松下の哲学を示した本で、その改訂版を出すのはいいことだが、なぜこの忙しい時にこんなことを言い出すのだろう、と私は憮然としたものだ。それから一週間、私は必死になって原本にチェックを入れた。おそらくこの時の平均睡眠時間は二、三時間くらいのものだったろう。

そして一週間後に報告をしたら、それでいいと言う。それならば、この形で改訂版を出しましょうと言ったら、「そうやな、ちょっとこのましばらく置いておこうか」と言い出した。この忙しい時に急げと言っておいて、全くなにを考えているんだと思うのが人情というものだろう。

しかし、これが松下の育て方なのである。

それまでの三週間を振り返ってみると、私は松下の前で冗談ではなく、ほんとうに四つの言葉しか発していなかった。「はい」「なるほど」「へぇー」「そうですか」、この四つの言葉で松下に対していた。つまりは討論になっていなかったのである。おそらく松下は、私を相手にしながらなんとももの足りなく思ったのであろう。〝もっと勉強せなあかん〟という気持ちから、私に『PHPのことば』を読ませる機会を与えてくれたのだ。

数日経ってそのことに気がついた時、私はなんとありがたいと心から思った。〝江口はなにも勉強していない。だからもっと勉強している者にこの仕事を振り替えよう〟、そういうことを松下は決してしなかった。あくまでも私を育てようとしてくれた。私が気づくように導いてくれ、それを根気よく待ってくれる。その気持ちがひしひしと感じられるからこそ、私はここまでなんとかやってこられたのだと思う。

ハーマン・カーンの時にしてもそうだ。一回でピンとくる人もたくさんいるだろう。しかし三回目でやっと気づく私を待っていてくれる。部下として、これほどの喜びがあるだろうか。

――熱意を評価すれば、人は努力を惜しまない――

「私は人材に恵まれた」

松下電器が成功した理由を聞かれると、松下はまずこの言葉を口にする。しかし私に言わせれば、松下はすばらしい人材に恵まれたのではなく、すばらしい人材を育てたのだ。これほどまでに人を大切にし、人を育てることに熱意を持っていた経営者は、他にはあまりいなかったのではないだろうか。

「君、人は大切にせな、あかんで」

これも松下の口癖だった。

そのルーツは、やはり創業の時にあるのではないかと私は思う。松下電器は小さな町工場からスタートした。誰も知らない小さな町工場では、なかなか働き手が見つからない。せっかく採用しても、ある日突然プイッと来なくなる。そんななかで毎日工場に来てくれる従業員は、松下にとっては神様のような存在であったに違いない。

面接に若者がやってくる。じゃあ明日から来てくれるねと確認する。それでも「本当にウチに来てくれるのだろうか」と心配で仕方がない。翌日、朝早く起きて工場の外に出、塀の角に隠れてその子が来るのをじっと待っている。やがて、その子が来るのが見えた時、「来た来た、本当に来てくれた」と松下の心は喜びでいっぱいになったという。これが松下幸之助の人材育成の原点なのだろう。そして、いくら会社が大きくなろうとも、一人の青年が自分の工場に通ってくるそのありがたさを、決して忘れることがなかったのである。

部下の熱意を評価することが、人材育成においては大切なことである。しかしこれは、上司が部下の何倍も仕事への熱意を持っていなければできない。熱意のない上司に、部下の熱意が判ろうはずもない。そしてまた、「こいつをなにがなんでも育ててやりたい」という熱意がなければ、部下は育たない。これが原点であり、これが全てである。

〝すばらしき人生に、熱意ありき〟である。

第五則 能力を引き出す

――人間の幸福とは、自分の天分を引き出すこと――

人間の幸せとはいったいなにか。それはさまざまな定義があるだろう。お金持ちになることが幸せだ。結婚することが幸せだ。あるいは社会的な名誉や地位を得ることが幸せだ。

それも確かに幸せなことかもしれない。しかし私は、そういった表面上のことだけではないと思う。人間として生まれたからには、自分が持って生まれた人間的能力を、死ぬまでに発揮し尽くすことが幸せなのではないだろうか。そこにこそ、人としての存在感や充実感、生き甲斐が出てくるのだと思う。

一千万円貯めるのが目標だとする。しかし、この目標を達成した時に、人間としての満足感が本当に得られるだろうか。おそらく、もっともっとと欲ばかりが大きくなっていくに違いない。

高い肩書を得たからといってどうだろう。会社人間としての喜びはあるだろうが、それは会社のなかにいる時だけのことだ。企業社会に身を置いていると、ついつい給与の高さや地位の高さが幸福感と直結してしまう。もちろんそれを目標に努力をするのは良いことだし、ある意味では企業社会の価値観に染まるのも仕方のないことだ。

しかし、決してそれに惑わされてはならない。たとえお金持ちにならなくとも、たとえ高い地位を得られなくとも、生涯を通して幸福を感じることがもっとも大切なことである。そして、その根本となるのが、自らの人間的能力を自分の手で最大限に引き出すことなのだ。

――やらずに後悔するより、やって後悔しよう――

自らの能力を引き出すのに、もっとも大切なものはチャレンジ精神である。たとえば目の前にさまざまな困難が現れてくる。とてもできそうにない難しい仕事が出てくる。不安に思いながらも、それらにチャレンジすることが重要だ。自分にはできそうにないからと、取り組む前から諦めているようでは、いつまで経っても自分の能力を引き出すことはできない。

挑戦なきところに幸福感や満足感は決して生まれないものだ。困難なことか自分の目の前に現れた時、これは自分の新たな能力を引き出すチャンス、発見するチャンスだと思うべきである。いつも自分ができること、できそうなことばかりをやっているようでは、きっと人生を終える時に〝俺はこんなことしかできなかったのだろうか〟と後悔するに違いない。後悔を残したままの人生は、決して幸福とは言えないであろう。

私は、〝やらずに後悔する〟というのが一番つまらないことだと思う。〝やって後悔する〟方がまだマシだ。高い目標にチャレンジして失敗した、やったあとで恥をかいてしまったというのは、たいへんいいことだ。やらずに後悔することこそが一番値打ちのないことだと思うのである。やることによって恥をかくかもしれない。結果として、できないかもしれない。しかし、やることによって、自分の能力の限界を確認することができる。

自分の限界を知ることは非常に大切なことだ。限界を知っているからこそ、その限界をどんどん伸ばすことが、あるいは別の能力を引き出し、伸ばすことができるのである。チャレンジすることで、新しい能力も見出せる。「俺はこんなこともできるのか」と。そういう、自分でも気づかなかった能力を発見するところに喜びが生まれてくるのだ。

松下幸之助が私に出す仕事の指示や要求は、いつも私にとっては高いものだった。指示を出されるたびに私は、「とても私にそんなことはできない」と心のなかで思ったものだ。

しかし指示されたからには、やるしかない。そうして恐る恐る取り組んでみる。すると最初はできないと思っていたことも、頑張れば意外とできたりする。「自分にはこういう能力も多少はあるのかな」と自分を再発見する。この繰り返しだった。

おそらく松下は私の能力を知っていたのだろう。だから、常に私が思う限界より少し高めの要求をしてくる。それを一つひとつ克服することで、私の実力の幅を大きくしていってくれた。そんな気がするのである。

――自分より優れた人を使う人が優れた人――

上司が常に考えておかなくてはならないことは、仕事を与えることによって部下の能力を引き出すことである。部下が難しい仕事をやり遂げることで自分の成績を上げてやろうとか、業績を上げてやろうとか、そういう考えは二の次である。業績が上がるということは、部下の能力を最大限に引き出したことによる、あくまで結果なのだ。

「天分を発揮する」という言葉を松下はよく使っていたが、まさにこれである。天分を発揮しようと努力する部下。部下の天分を引き出そうとする上司。これが一つになった時、上司と部下の信頼関係ができ、仕事の成功へとつながっていくのだと思う。

さて、では天分とはいったいなんだろうか。それはまさに千差万別というか万差億別である。会社のなかで言うならば、経営者としての能力を持っている人もいる。営業能力が抜群に高い人もいる。最高の技術を備えている人もいる。それぞれの社員が持っている天分を総合したものが一つの会社なのだ。

能力という視点から見れば、決して上下関係ではない。経営者が営業部長より偉いとか、営業部長が技術者より偉いなどということは決してない。ただ別の才能、違う天分を持っているだけの話である。だから自分が部長になれなかったからと卑下する必要もないし、なれたからといって威張る必要もない。たまたま天分が違っただけなのだ。

ある時松下が、経営者の条件とはなにかという質問を新聞記者から受けた。松下はこう答えた。

「経営者というのは、自分より優れた能力、自分とは違う天分を持っている人を使う、その能力があればええのです」と。

たとえ自分が技術の専門家でなくても、技術のプロが自分の周囲にいればそれでいいのである。自分が経理に精通していなくても、経理のプロを使いこなせばよいのである。

いくら松下幸之助といえども、次々に起こってくる技術革新について、電気の時代にはまだ判ったかもしれないが、電子や半導体の時代になれば、ほとんど判るはずもない。だから自分より優れた技術者を育て使っていた。これが経営者としての能力なのである。

経営者は人を活用する能力。営業マンはモノを買ってもらう能力。技術者は新製品を開発する能力。これらの能力になんら優劣はないわけで、比較すること自体がおかしい。それは野球とボクシングと水泳を比較するようなもので、無意味なことなのである。

だから、経営者にしか風格や品格が生まれないということではない。伝統芸術を追究している職人さんなどは、なんとも言えない風格を持っている。要は自分の天分を見出し、それをより高める努力をしていくところに、風格や品格が生まれるのではないだろうか。

――チャレンジ精神なき者は去る――

私自身を振り返ってみて、果たして私は経営者としての能力があるのかと自問すれば、今の段階では経営の能力があるなどとはとても言えない。

特に私の場合には松下幸之助という、とてつもなく大きな存在があった。今でも私が経営しているという感覚よりも、松下幸之助が経営しているという感覚の方が強い。この仕事について松下ならどう考えるだろうか。この仕事について松下ならどういう選択をするだろうか。常にそれを考えながら仕事をしている。言ってみれば〝声なき声〟を聞きながらやっているわけである。

したがって正直に言えば、私が経営者であるというのは、自分自身でも心もとない部分がある。それでもなんとかやってこられたのは、やはり社員の人たちの熱意と努力だと思う。また部下の人たちの私に対する好意にはいつも救われる。上司が悩んだ時に救ってくれるのは、やはり部下の好意と熱意ではないだろうか。だからこそ、私は部下に恩返しをしなければならない。そして彼らの能力を最大限に引き出すことこそ、最高の恩返しになると私は信じている。

松下幸之助という上司が私の能力を引き出してくれた。しかし現実に今、松下はいない。自らの限界や、まだ発揮されていない能力を、私は〝声なき声〟のなかから見つけ出そうとしているように思う。

時に消極的になることもある。時に弱気になることもある。しかし常に自分自身を励まし慰めながら、能力の再発見に努力していこうと思っている。上司がチャレンジ精神を失ったら、それはその場から去る時だと思うからである。

第六則
耳を傾ける

――話をほめれば、情報が集まる――

松下幸之助という人は、人に話を聞きながら、人にものを尋ねながら経営をやってきた人である。社会のこと、政治のこと、経済のこと、とにかくなんでも、「君はどう思う」「この件はどうしたらいいと思う」と人に聞く。そうして厖大《ぼうだい》な量の情報を手に入れ、それを頭のなかで整理しながら決断を下していったわけである。

特に部下の話には非常に熱心に耳を傾けた。上司が部下の話に耳を傾けると、双方に二つずつのメリットが生まれる。上司が一所懸命に部下の話を聞けば、まず部下は「やる気を出す」ようになる。そしてまた、上司が喜ぶような情報を持っていこうと「勉強する」ようになる。

上司にとってのメリットは、一つ目は「部下から尊敬される」ようになることだ。部下の話をないがしろにしたり、部下の話を途中でさえぎるような上司に部下はついてこない。部下にものを尋ね、意見を求める上司こそが尊敬され信頼されるのである。

そして二つ目は、なによりも自然に「情報が集まってくる」というメリットだ。松下のところへは、日々ひっきりなしにいろいろな人が訪れる。その人たちの話を聞く時、「その話は以前に聞いた」とか、「それは私の考えていることと同じだ」という言い方を唯一度もしたことはなかった。いつもいつも「君はいいことを言うな」「君はなかなか賢いな」というふうに感心しながら聞く。机から身を乗り出し、相手の眼をじっと見ながら真剣に聞くのである。

これにみんなは感激する。「あの松下幸之助さんが私の話を真剣に聞いてくれた。そして話の内容に感心してくれた」と思うのである。そうすると人間とは不思議なもので、なにか面白い情報が入るたびに〝よし、これを松下さんのところに持っていこう〟〝この話は大将の耳に入れておこう〟という気になってくる。結果として、自然と厖大な情報が入ってくることになるのである。

松下のお嬢さんで松下電器の会長夫人の幸子さんの話によると、幸子さんが物心ついてから、「冬に父が起きていた姿を見たことがない」ということだ。つまり病床に伏していたわけだ。

身体が元気であれば、世の中を歩き回っているうちに自然と情報は集まってくるだろう。しかし病床にあってはそれもできない。にもかかわらず松下幸之助は世の中の動きを、実に的確につかんでいた。なぜなら、多くの人が情報を持ってきたからである。

――自分の面子《メンツ》より部下のやる気が大事――

一日に入れ替わり立ち替わり人がくるわけだから、当然同じ情報もある。しかし全てを初めて聞いたような雰囲気で聞く。それは、たとえ同じ情報であったとしても、話す人によって視点が少しずつ違うからである。

Aという商品が流行しているという事実がある。これは一つの情報だ。しかし人によっては、このAという商品はまだまだ伸びると見る人もいるだろうし、もう流行は終わるだろうと言う人もいる。同じ情報もそれぞれに、異なる情報もそれぞれにいつも熱心に聞いた。だから、できるだけたくさんの人の情報を手に入れることが大事なのである。そして、それらを全て頭に入れたうえで判断をする。

また、いつも真剣に話を聞くことは、部下を使ううえでのコツでもあった。ある日の午前中、私が松下の部屋にいる時、「なあ君、今度こういうことをやろうと思うんやけど君はどう思う?」と聞いてきた。なかなかすばらしいアイデアだと思ったので、私は「それはいいですね」と答えた。

その日の午後になって、松下電器の役員の人が松下のところへ来て、「今度こういうことをやろうと思うのですが、いかがでしょう」と一つのアイデアを出してきた。そしてそのアイデアは、午前中に松下が私に話したものとほとんど同じものだったのだ。だから松下は、「それは私も考えていた。午前中に江口君に話していたところなんだ」と言うと思った。しかし、松下はそうは言わなかったのだ。「君のそのアイデアはなかなかいいな。よし、すぐにそれをやろう」と、こう言ったのである。

私は一瞬不思議に思った。しかし考えてみれば、これでその人はやる気が出るのである。松下が「私も考えていた」と言わないことで、それはその人自身の発案ということになる。自分の発案を松下が評価してくれたという喜び、そして自分が発案したのだからぜひとも成功させなければという責任感が強烈に芽生えてくるのである。これが松下のやり方だった。自分の立場、自分の面子はどうでもよかった。部下にやる気を持たせ、イキイキと仕事をさせることが第一義だったのである。そしてその結果、会社は発展する。

思えば松下は、持ってきた情報そのものを評価するのではなく、持ってきた人の努力や勇気を評価していたのだと思う。「よくわしのところへ話にきてくれたな」「その情報を持ってくるためには、たいへんな勉強が必要だったろうな」と、そんな気持ちだったに違いない。

これはなによりも、〝人を大切にする〟という考えがあるからこそできることなのだろう。そして、この姿勢を保ちながら部下の話に耳を傾けるということは、実に根気の要ることだ。部下がなにかを伝えにきた時、松下は決して「今忙しいから後にしてくれ」とは言わなかった。アポイントが入っている場合を別にして、余裕のことがない限り部下の話を最後まで聞いた。「時間がないから、そのへんで止めてくれ」とは決して言わなかったのである。これは簡単なようで、実はなかなかできることではない。

私も常に部下や社員の話に耳を傾けようとしている。その大切さは身をもって知っているつもりだ。にもかかわらず、ちょっとイライラしていたり、他のことで頭がいっぱいの時は、つい「後にしてくれるか」と言ってしまう。言った後で反省するのだが、なかなかできるものではない。

――情報に無駄なものなし――

部下の話を真剣に聞くということは、部下に対しても真剣に話をする、真剣に報告することを望むということだ。特に責任者に対する要求は厳しかった。責任者たる者は常に考え続けていなければならないという信念が松下にはある。だからなにも報告することがないということはあり得ないのだ。

「君、なにか用事はないか」というのが松下の口癖だった。要は今の仕事の進み具合、今の会社のこと、今なにを考えているかを報告せよということである。これを聞くために松下は一日に何度も電話をしてくる。

ある時、事業部長に電話を入れた。「君、なにか用事はないか」と。その事業部長はほんの数時間前に今日の動きをきちんと報告してあったから、「今のところなにもありません」と答えた。そうすると、松下は厳しい口調でこう言った。「君、こんなに世の中が速く動いているというのに、たとえ一時間でもなんの変化もないということはないやろ」と。

もちろん数時間でそうそう変化するはずはない。松下が言いたかったのは、常に考え続けていないからなにも答えられないのではないかということなのだろう。私が責任者になった時も、このような電話を何回も経験した。なにせ多い時には一日に八回も電話がかかってきたことがある。毎日松下のところに足を運んで、詳細に報告しているにもかかわらず、一日に何度も「君、なにか用事はないか」と電話がかかってくる。

さすがに五回目くらいになるとなにも報告することがない。しかし、なにか言わなければと思う。そこで、「今日は編集部のA君が風邪で休んでます。風邪が流行ってるみたいですね」というような話をする。もちろん松下がA君のことを知るはずもない。

つまらない話をしてしまったと思っていると、そういう話も松下は真剣に聞くのである。そして、「そうか。君な、その子に身体を大事にするように言っておいてくれるか」となんとも温かい声が返ってきたものだ。

そこで私はA君が出社してきた時に、「松下幸之助さんが、身体を大事にするように言ってたよ」と伝える。もうA君にしてみれば大感激である。これなのである。部下の声に耳を傾けるというのは、一見つまらないと思うような話でも、実は大切な情報がたくさんある。会社の実績も、一人の部下の風邪も全く同じように大切なことなのである。

松下幸之助という人は、ある意味で天涯孤独な人だった。九歳の時に和歌山から出てきて、ずっと一人で働き、一人で会社を興してきた。

人脈などなにもない。学校へも行っていないから、そういう方面のネットワークもない。迷いや戸惑いを抱えながら、恐る恐る経営をやっていたような気がする。知る人は誰もいないし、どうしていいか判らない。だからこそ、周りの人に尋ねながら、教えてもらいながらやっていかざるを得なかった。そのようなことから、結局は部下の話を聞く、部下にものを尋ねる、耳を傾ける、ということが自然に身についたのではないだろうか。

――いい情報を集め、知恵を加え、素早く動く――

松下は勘が鋭い。鋭い勘で経営をやってきたと言う人も多い。

しかし、私は必ずしもそうは思わない。もちろん勘が鋭い天才的な面も持ち合わせていただろう。が、基本的には努力の人、非常に考え抜いたうえで物事を進める人だった。

なにかをやろうと決心をしてからは、それを行動に移すのは抜群に速かった。やると決断したらすぐに実行に移した。熟慮断行、実に速攻であった。しかし決めるまでは、本当に根気強く人の話を聞き、充分に多くの情報を集めた。

Aだと言う人もいるし、Bだと主張する人もいる。どちらの意見も全て自分のなかに一度取り入れ、それらを総合し、自分の考え方や哲学に基づいて実行していく。まずはいい情報をたくさん集めて、そのなかからもっともいい情報を抜き取る。あるいは複数の情報を融合する。次にそれに自分の知恵とアイデアをプラスする。もう一度、とらわれずに素直な心で考え直してみる。そして決断したら素早く動く。これが松下幸之助の経営手法だったのである。

〝素直な気持ちで人の話を聞くことだ〟と松下は言っている。この素直とは、なにも子供のように無知になれというのではない。思ったことをそのまま言ったり、行動に移したりということでもない。清濁を併せ知ったうえで、なおかつ清濁にとらわれずに結論を出していく。これが素直な心なのである。

わかりやすく言うなら、全てを承知のうえで常に頭のなかをカラッポにしておくことだろう。なにかの情報を得た時、頭のなかに置いておくのではなく腹のなかに落とし込んでおく。そうして、いつも頭のなかをカラにしておくことで、ストレートに頭のなかに次の情報が入ってくる。それらを腹のなかで消化し、まとめればいい。頭のなかにたくさんつめ込んでおくから、「その話はさっき聞いた」「そのアイデアは良くない」というなにかにとらわれた言葉が出てくるのではあるまいか。

高度情報化社会と言われて久しい。今は氾濫する厖大な情報をどう整理し、そのなかから有益なものをいかに抜き出すかが問われる時代だ。しかし考えてみれば、これは七十年も前から松下が日々やっていたことなのである。

そういう意味では松下幸之助という経営者は、もっともうまく情報を集め活かした経営者とも言えるであろう。松下幸之助の経営哲学が今でも評価されるのは、古いようで実はもっとも新しい手法でもあるからなのである。

そして多くの情報のなかでも、とりわけ人が足を運んで持ってきてくれる生の情報をもっとも大切にした。これが松下イズムの真髄かもしれない。若造だった私の話を、身を乗り出すようにして聞いてくれた松下の眼差しを、今も私は忘れることができない。

第七則
仕事を任せる

――仕事をやり遂げ、人を育て、新しい仕事を創造する――

上司が部下に仕事を任せていくとはどういうことなのか。自分の仕事量が減って楽になるとか、面倒くさくてやりたくないからといった理由で、決して部下に仕事を託してはならない。あくまでも仕事を任せるのは、部下を育てるためでなくてはならない。

自分がこれまでやってきた仕事を部下に任そうとする時、大抵の場合は、まだ少し力量不足かと思うものだ。しかし、それをあえて〝この部下なら必ずやってくれるだろう〟と信じ、また判断したうえで託していく。この期待と信頼に応えようと部下は努力し、力をつけていくものなのだ。

自分がやりたくない仕事だから、ちょっと面倒な仕事だから、部下をおだてながらやらそうとする。いくらおだてたところで、部下は百も承知だ。こんな仕事の任せ方をする上司が尊敬されるはずはない。ややこしそうな仕事だからこそ、上司がやるべきなのである。そのような仕事ではなく、上司が大切にしている仕事を任されるからこそ、部下はやる気を出し、喜びを感じるのである。

また今まで百あった仕事のうち、二十を部下に任せるとする。そうすると、自分の仕事は八十に減ってしまうわけだ。二十の時間的余裕が生まれてくる。この二十の時間の使い方で上司の評価が決まる。ヒマになったから早く退社して遊びにいく。空いた時間で付き合いと称して交際費を使いまくる。ゴルフに出かける。この手の上司をよく見かける。こういう人間が部下から信頼されないのは当たり前だ。この上司としての資格など全くない。上司であるならば、空いた二十の時間で新しい仕事を創造していくべきである。

〝長〟のつく人間の責任は三つある。一つ目は自分のグループの仕事をやり遂げる責任。二つ目は自分の下にいる部下を育てる責任。そして三つ目は新しい仕事を創造していく責任だ。

この三つ目の責任を怠っていると、会社は大きくなっていかない。仕事はどんどん任せていくが、空いた時間は遊んでいる。そうなると人員ばかりが増えて、仕事量は増えていかない。業容も拡大しない。それどころか、それが続けば、結局はリストラということになってしまう。新しい仕事がないのだから人が余ってくるのは当然だ。リストラの原因は、上司の怠慢ということに尽きるのではないだろうか。

また仕事を任せるということは、言葉を換えて言うなら部下を信頼するということである。自分が大切にしている仕事を託すわけだから、部下への信頼がないとできるものではない。その気持ちは自然と部下に伝わる。やはり人間は、人から信頼されていると感じた時、なにものにも替え難い満足感や生き甲斐が得られるものだ。自分はこの上司から信頼されていると感ずることで、やる気や熱意が出てくるものである。そして熱意があれば、能力も伸びていくものだ。

――信頼されれば「豚も木に登る」――

昭和五十一年四月の下旬。私が三十七歳の時。ある日突然松下から、「君がＰＨＰ研究所の経営をやれ」と言われた。その日は松下が書いた『崩れゆく日本をどう救うか』という本が賞をとり、その授賞式に私も東京へついて行った。そして一緒に松下と大阪へ帰った。その夜に電話がかかってきた。そして「君、明日からＰＨＰの経営をやれや」と言われたのである。その時はあまりにも突然で、つい習慣

(?・)のように「判りました」と言ってしまった。しかし言ったはいいが、もうその晩は眠れない。そんなこと私にできるはずはないと悩み、考え続けた。

それまで私は秘書室に籍を置いていた。部下の女性が二人くらいの業務である。どう考えても急に経営なんてやれる自信はなかった。翌朝になって、やっぱり断ろうと思い松下に電話を入れた。「昨日の件で今からお伺いしたいのですが」と。そして京都の楓庵《かえであん》にいた松下のところへ行き、私は気持ちを正直に話した。

「昨日のお話はたいへん嬉しく思いますが、やはりお断りさせてください。今の私には自信がありません。もう二年間ほど時間をいただけませんか。二年間でいろんな経験を積んで、勉強して、それでできそうであれば、その時はやらせていただくということでいかがでしょうか」

私がそう言うと松下は、意外にも「そうか。君できへんか。そんならええわ」となんともあっさりと同意してくれた。私はホッとすると共に、なんだか気が抜ける思いがしたものだ。

その話が終わると、もう大して話すことはない。四月の下旬だから、そんなに寒くはない。しかし、ことのほか寒がりの松下は炬燵《こたつ》を使っていた。二人でその炬燵に入りながらミカンを食べ、とりとめもない雑談をしていた。

ところが雑談をしている途中に、ひょいと松下が言った。「まあ君、いっぺんやってみるか」と。なんの構えもなく、ごく自然にその言葉を出してきた。すっかり気を許していた私は虚を突かれた形で「判りました」と言ってしまったのである。しかしどんな形であれ、私は感動をもって引き受けた。一度断ったにもかかわらず、再度「やってみるか」と言ってくれる。私はこの人に信頼されているのだ。そう思うと、なんとしてもやり遂げねばならないという気持ちになったのである。

仕事を任せる時期、タイミングというのは非常に難しいものだ。この時私は、二年間くらいの猶予がほしかった。もっと勉強をして自信をつけてから経営に臨みたかった。しかし松下には、その二年間は必要ないと判断したのであろう。これまで八年間も自分が教育してきたという気持ちがあったのかもしれない。私にとっては急な話ではあったが、松下にとっては考え抜き、時期を見計らったうえでの決断だったのだと、私はそう思いたい。

ともあれ、信頼されれば「豚も木に登る」ものだと、自分を客観的に見てそう思う。

——正しさを基準にした経営をする——

なぜ、松下幸之助は私に経営を任せたのだろう。松下自身が心から大切にしていたPHP研究所を、なぜ私に託したのだろうか。経営手腕ということであれば、私より能力を持っている人は松下の周辺にいくらでもいるはずだ。にもかかわらず、経営を三十七歳の若造に任せてくれた。松下の真意は今もって判らない。ひょっとすると生真面目に私が松下幸之助の考えを純粋に受けとめ、仕事をしていたからかもしれない。

こんなエピソードがある。ある時、一人の青年社員が松下グループのある若い経営者と、松下幸之助の前で大激論をしたことがあった。四十歳くらいのその経営者がその青年社員に「経営というものは勝てば官軍なんだ」という話をしはじめたという。「君、経営は勝てば官軍だ。負けたら元も子もなくなる。だから勝つためにはあらゆる手段を講じてやっていかなければダメだ」と。その青年はこの言葉に猛然と反論した。「そんなことはないと思います。勝てば官軍などという考え方は間違っています」と執拗《しつよう》に喰い下がった。

歳も若く血気盛んな頃である。その青年はその経営者に妥協するような発言をしなかった。「そんな考えをしていたら、人殺しをしても、法を犯してもいいということになる。そんなことはおかしい。あくまでも正しさ、正義、多くの人たちが評価する、そういうことに反する経営は断じてすべきではありません」と言うと、その若い経営者は、「そういうことも敢えてする覚悟が必要なんだ。時には法のギリギリのところまでやらなければならないし、人に対して策を弄さなければならないこともある。君は実際に経営をやったことがないから、そんな甘っちょろいことが言えるんだ」と力説してやまなかった。

それは松下幸之助の考え方に反すると若い青年社員は憤慨し、「どう思われますか」と松下を振り返った。すると松下はベッドの上に胡座《あぐら》をかいて、ウツフウツラと眠っていたのである。

しかし実際は眠った振りをしているだけで、二人のやりとりをじっと聞いていたのであろう。そしてその青年社員の話を聞きながら、「この男に経営をやらせても、決して不正なことはしないだろう。私の考え方をきちっと守ってくれるだろう」と思ったらしい。

それから一年数カ月後に松下はそのほとんど肩書のない青年社員に一事業所の経営を担当せよと指示を出している。その時の激論、そしてその時の青年社員の主張が多分、彼を起用する要因の一つになっていたのではないかと、私は感じることがある。

若い頃の私の純粋さが、この青年社員と同じように、松下にＰＨＰ研究所の経営を私にやらせる気にさせたのかもしれない。

――冷静に判断し、そっと情を添える――

松下は決して義理や人情で仕事を任せたり、あるいは可愛がっている部下だからと感情的に仕事を託すということはしなかった。あくまでも、その人間の熱意や能力、考え方を、非常に冷静に判断しながら仕事を任せていった。

これは上司たる者、常に心がけていなければならないことだろう。仕事はできるが熱意や考え方がいま一つだというのは避けた方がいい。考え方はしっかりしているが熱意が見られないというのも、やめた方がいい。ほどほどの能力もあり、充分な熱意もあり、そして考え方も大丈夫だ。この三拍子が揃って、初めて「よし、こいつにやらせよう」となるのである。

それを、あくまでもクールに判断すべきなのだ。クールというのはなにも非人間的というのではない。その人をとらわれずに評価することだ。自分の損得や好き嫌いに左右されることなく、その人自身を冷静に判断することが大切なのである。

また同じように、誰かをクビにしたり降格したりする時もそうだ。感情的にカッとして「お前はクビだ」などということをしてはならない。松下は役員に責任をとらせる時の対応も非常にクールだった。「君、もう役員を辞めてくれるか」と、こちらがびっくりするくらいストレートに直截《ちょくせつ》的であった。

それはあくまで会社のため、組織を守っていくために必要な判断である。松下としてはあくまで客観的にその人の処遇を考えてのことなのである。

しかしクビを宣告した後で、松下は必ずその人に聞いた。「家族は何人おるんや」「どこか就職の心当たりはあるんか」と。そして誠心誠意その人のために尽くそうとしたのである。

仕事というのは厳しいものである。感情で左右されるほど甘いものではない。しかし、仕事をしているのは血の通った人間だ。そのことも常に忘れてはならない。部下を客観的に見ていくクールさと、一人の人間として見守る温かさ。この二つがなければ指導者は務まらない。

「君な、これから経営を進めていく時に、まずは冷静に判断せいや」。私がＰＨＰ研究所の経営を引き受けた時に、松下はまず私にそう言った。そして少し間を置いて、こう言ったのである。

「それから、その後には、そっと情をつけるんやで」と。

第八則　差別をしない

――〝その時〟の評価は永遠の評価ではない――

人間にはそれぞれに、持って生まれた能力や特性がある。それぞれの能力というものに優劣があるわけでは決してない。音楽の能力と絵を描く能力のどちらが優れているかというのは言えないし、比較をすること自体おかしいことだ。

同じように仕事のなかにおいても、営業能力と管理能力を比較することは、おかしい。比較できない能力に、ましてや他人から見て差をつけるなどということは、やるべきではないと私は思う。

確かに同じ仕事をしているのに、実績などに差が出てくることは、よくあることだ。要領が良くて飲み込みの早い人間もいるだろう。少々要領が悪く動きの遅い人間もいるだろう。その時だけを比較すれば、〝できる人間〟と〝できない人間〟がいることは確かだ。しかしそれは、あくまで一時的なことに過ぎない。

たとえば若い頃は速く走る能力があっても、歳を取ればその能力はなくなってしまう。逆に歳を取ることで、物事をじっくり考える能力が身についてくることもある。つまり能力というのは、その時々によって常に動いているものだと考えるべきなのである。

したがって、上司が部下を評価する時に、その時点の能力だけで単純に永遠の評価をしてはならない。ましてや能力の評価を、人間の評価に結びつけるなど、もっての外である。能力がないから人間的にもダメな奴だ、などということは絶対に思うべきではない。

また肩書というものに惑わされてはならない。肩書がついているから偉いとか、ついてないから能力がないとか、そういう見方は非常に滑稽である。肩書などというものは、その時点での、その立場における一時的な立場の表現に過ぎない。今は経理部の課長であるとしても、それは今の時点の経理能力に対する評価に過ぎない。その課長が営業部に行っても課長になれるとは限らない。要するに肩書は、その時の、その人の表面的なラベルに過ぎないのである。

ラベルはあくまで表面的なものであり、その人間の価値とはなんら関係はない。

社内、社外を問わず、ラベルで人間を判断してはならない。この色メガネで人を見ることから差別が生まれてくるのである。

――猿は猿、魚は魚、人は人――

部下を見ていく場合も、レッテルを貼らずに見ていくことが大切だ。部下の本質的な能力、本質的な部分を見つめていく。人間の本質を見つめていれば、人間は基本的に同じであり、平等であることが自ずから判ってくる。異質であるけれど個々に秀れた能力を持っている。そうとらえる時に、部下に対する限りない愛情が生まれ、なにものにも惑わされない人材育成ができるのである。

たとえば、この部下は何々家の息子だとか、大金持ちの娘だとか、政治家の子供だとか、それだけのことで特別扱いをする。あるいは、能力もないのに役付きにしたりする。こういうことは絶対にやるべきではない。それは周囲の人間のやる気を失わせるばかりでなく、その本人自体もスポイルされてしまうことになるであろう。それだけならいいが、会社そのものが倒産に追い込まれてしまうかもしれない。

ただし、部下を育成するに当たっては、区別をすることは必要だ。区別と差別は全く次元が違うものだ。区別というのは、AとBが違うということを認識することだ。AとBに優劣をつけるのが差別だ。

たとえば男が優れていて女が劣っている。そうとらえるのが差別であり、これは決してやるべきではない。ただし男と女では体の構造も違うし、その特徴も違う。そのことをきちんと認識したうえで、それぞれの特徴をより活かしていこうとすることが区別なのである。

松下幸之助の言葉のなかに「猿は猿、魚は魚、人は人」というのがある。猿は悪くて人間は偉いという発想をしてはおかしい。猿は猿だし、人間は人間なのだ。それは当然区別して処遇しなければならないが、差別してはならない。いや、差別以前に、比べられるものではないのである。

文化というものを考えてみても、同じことが言える。スプーンや箸で食事をするから優れているとか、手で食べるのは汚らしいとか、そういうことは言えない。

日本人は茶碗を手に持って姿勢を正して食事をする。韓国では茶碗をテーブルの上に置いたまま、顔を近づけて食べる。韓国で茶碗を手に持つと、それはがっついていると思われるらしい。日本ではテーブルに顔を近づけるのは下品だとされている。これは単なる文化、習慣の違いだけであって、どちらの国の風習が良いとか悪いとかの問題ではない。

アフリカで裸で走り回っている人間を見て、服を着ている日本人より劣っていると思うのは、とんでもない勘違いだ。それこそ差別極まりない。日本がアフリカのような気候であったとしたら、今頃私たち日本人も裸で走り回っているに違いない。このように、次元の違うものを比べるのはおかしいことだ。日本とアフリカを区別するのは当然だが、決して優劣をつけるものではないのである。

――ウマが合う人間同士を集める――

さて、全ての部下を平等に扱っており、それぞれの本質をしっかりと見つめ、客観的な目で見ているとしても、二十人の部下がいれば、なんとなく仕事がやりやすい部下とやりにくい部下が出てくる。いわゆる〝ウマが合う・合わない〟ということがある。人間とは不思議なもので、なんとなく波長が合わないことがあるのは事実だ。私はこれは仕方のないことだと思う。また無理に合わそうとする必要もないと思う。

松下幸之助という人は、非常に短気な一面があった。今日指示したことを何日も放っておくのをとても嫌った。私もどちらかと言えば短気だ。今日言われたこと上は、すぐにでも実行に移したい。何日も放っておくなどということは、自分の性格上できなかった。そういう気性の面では、私と松下は気が合っていたのだと思う。

これも良い悪いの問題ではない。じっくりと時間をかけて、すばらしい結果を出すタイプの人もいるだろう。しかし松下には、どちらかというとテンポの遅い人は合わなかった。たまたま私は松下のテンポとウマが合ったのだと思う。

人間にはそれぞれのテンポがある。それを認めたうえで仕事をしていくには、やはり同じテンポの人間を組み合わせた方が良い。テンポの違う人間同士が、どちらかに合わせようとすれば、結局は両方がダメになってしまう場合が多い。

だから私は、部長クラスの人間が「A君はとても能力があり、私もそれを高く評価しています。しかし共に仕事を進めていくうえで、どうしてもA君とウマが合わないのです」と相談に来た場合には、即刻考慮をするようにしている。

A君に移動してもらうのか、組織を少し変えるのかはその時によって違うが、これればかりは、どうしようもないのである。そうすると、同じ部署の時はウマが合わなかったのに、互いに別の部署になれば急に力を出し合い、いい仕事をする場合もある。人間とは不思議なものだ。

「どうしても部下とテンポが合わないんです」と誰かが言ってきた場合、私は考慮する。しかし「A君は仕事ができない。もっと能力のある部下をくれませんか」と言ってきたら、私はその上司を絶対に許さない。

できるとかできないとか、そんなことを簡単に言うべきではない。もし、その部下に能力がないと本気で言っているのであれば、その部下の能力を見つけることができない上司が悪いのである。「私には部下を育てる能力がありません」と言っているのと同じなのである。

そんな上司に大切な社員を任せるわけにはいかない。私なら逆に即刻その上司の処遇を考えるかもしれない。少し厳しいようだが、それくらいの思いがなければ部下育成はできない。部下に能力がないなどというのは単なる逃げであり、結局は自分のことしか考えていないと言えるのではないかと思う。

―― 改札口を通った後を大切にする ――

私は部下を見ていく時、常に十年スパンでその人を見ている。この人は十年後にはこれくらいまで伸びてくれるだろうとか、十年後にはこういうポジションをやってもらおうというふうに考えている。

人間の能力や特性は二年や三年で発揮されるものではない。五年でもまだ判らない。十年くらいかけて、じっと見守ってこそ、その人の能力が発揮されてくるのではないだろうか。だからこそ、十年かけて見ようとしている途中の三年や四年で、アイツはよくできるとか、できないとか言うべきではない。人間の能力はそんな薄っぺらなものではないはずである。

ただし、いくら私が全ての部下を十年単位で平等に見ていたとしても、組織上誰かに肩書をつけてゆかざるを得ない。二十人の同期生を、いっぺんに課長にすることは現実的に難しい。だから、社員はこれをあまり気にしない方がいい。一年や二年早い遅いなどということは、長い会社人生において大したことではない。改札口は一人ずつしか通れない。だから、その時の順番で通ってもらっているだけの話だ。

そして一番で改札口を通った人間が、次の改札口も一番で通れるとは限らない。二十番だった人間が、次の改札口を一番で通ることもある。要は改札口を通った後が大切なのである。肩書や順番など、そんな小さなものに目を向けてはいけない。自分の能力を信じ、常に前を見ることが大切なのである。

ある友人に五人の同期生がいた。その時の友人の評価は五人中四番目であった。しかし、今はその会社の役員になっている。もし〝なんでオレが四番なんだ〟と彼が腐っていたら、おそらく彼は今の立場にはいなかっただろう。そういうことを思いあわせれば、部下だけでなく、自分自身をも十年というスパンで見ていった方が良いのかもしれない。改札口は何番目に通ってもかまわない。要は人生という電車に乗り遅れなければ、それでいいのである。

第九則 自分より優秀な人材を育てる

――過信がやる気をなくさせる――

課長の誇り、部長の誇り、そして経営者の誇りというのは、やはり自分より優れた人材を育て上げることだと思う。たとえば自分が育てた部下が会社の中心的存在になっていく。〝あいつは俺の下にいたんだ。俺が指導したんだ〟と思えることが、上司の誇りではないだろうか。それは部下の才能を引き出すことができた満足感でもある。

たとえ部下であろうとも、たとえ後輩で自分よりキャリアが少なくとも、自分より才能を持っている人間はたくさんいる。まずは、そのことを認識するべきだ。自分が部長だからといって、その部のなかで自分が一番才能があると思ってはいけない。二十代の部下と自分を比較すれば、全ての面で勝っているのは当たり前だ。しかし二十代の頃の自分とその部下を比較すればどうだろう。必ずや部下が勝っているところがあるはずである。そこに目を向けてやらねばならない。

自分がナンバーワンだと思うところには大きな落とし穴がある。そういう人間は、なんでも自分だけの力で仕事をやろうとする。確かに自信があるだけに、やろうと思えばできてしまうかもしれない。しかしかえってこれでは、なんのために部下がいるのか判らなくなる。部下はやる気をなくすと共に、上司に甘えるようになる。「まあ、最後は部長や課長が、全部やってくれるのだから、俺たちは気楽にやろうぜ」という考えになってしまう。これで部下が伸びるはずはない。

また、所詮一人の力には限界がある。いくら優秀な人間であっても、一人では大きな仕事はできるものではない。チームで力を合わせるからこそ、そこに役割分担ができ、得意分野ができ、仕事が大きく発展していくのである。

二十代の頃の自分と部下を比べてみる。「こいつは俺が二十代の頃よりいいセンスを持っているな。もしかしたら、俺の年齢になった時には、今の俺よりもずっと実力を発揮しているかもしれない。よし、そういうつもりで育てよう」と、こういった気持ちが必要である。

そして、そのためにもっとも大切なことは、自分のこれまでの経験のなかで、マイナスだと思われる要素を取り除いてやることだ。簡単に言えば、自分が若い時、先輩や上司からされてイヤだったことは、決して部下に対してやらないようにすることだ。

マイナスの要因をできるだけ除いてやることで、部下は伸び伸びと成長していく。自分が上司からいじめられたから、自分も上司になったら部下をいじめてやろう。こういう発想ほど貧困なものはない。愚かな上司だとしか言いようがない。まあ、こういう類いの人間は決して上にはいけないものだが。

――上司の仕事は問題を処理すること――

私は今、なにかトラブルが生じたらすぐに自分が買って出ることにしている。外部からなにかクレームがついた時でも、まずは自分が表に立つように心がけている。"あなたはトラブルが好きだ"などと言う人もいるが、決してそうではない。私とて、できることならトラブルは避けたいし、喧嘩なんてしたくない。しかし、あえてトラブルを引き受けるのは、私が三十代の頃、トラブルから逃げまくる上司を見ていたからである。

なにかトラブルが生じると、すぐに逃げる。トラブルを報告する部下が来ると、

「それは君がやったことだろ。自分で処理をしろ。俺は知らん」と言う。「俺は知らん」と言われても、部下はその人の指示でやったのである。

そういう上司の態度に私はいつも不信感を抱いていた。若い部下はキャリアも浅いから、トラブルの処理能力もそんなにあるはずはない。そのなかでトラブルを処理していくことは、彼にとっても大きな精神的負担となっていたに違いない。この経験があるから、私は今、積極的にトラブルの処理を買って出ることにしている。

もし私が、「私はトラブルが嫌いだ。外部と対立するのはイヤだ」と言ったら、どうだろうか。おそらく部下たちは、なにか問題が起きた時に、私に報告しにくくなるだろう。気分的に私に言いにくくなるに違いない。そうして報告が一日遅れることで、対処は三日遅れる。その間に問題はどんどんこじれていくことになる。これは会社にとっても大きなマイナスになるのである。

あるいは私の気を煩わさないようにと、自分たちでトラブルを処理しようとするかもしれない。もちろん誠意を持って対処すれば、多少時間がかかろうとも処理はできるだろう。

しかし、そんなことをしていると、解決できるものもできなくなる。なにより部下の余計な気苦労はできるだけ取り除いてやりたい。むろん、意図的に部下に解決を図らせることも、ある場合にはすることもあるが、私が若い頃経験したような苦労と同じことだけは自分の部下にはさせたくない。それが私の仕事だと考えているのである。松下も経営者の生き甲斐は問題処理であり、経営者はその役割の担当者であると言っていた。

――予告人事のすすめ――

今一つ、私の経験のなかから心がけていることがある。それは予告人事だ。予告と言うと少し大袈裟になるかもしれないが、人事異動をする際に、「三年間はその部署で頑張ってほしい」というように、できるだけ具体的な目処《めど》、期間を伝えるよう努力している。もちろん、その後のことは言わないが、三、四年先までのことが本人にも予想できるようにしている。

たとえば、秘書室の仕事がいいとか悪いとかということではなく、三年も四年も同じ仕事をしていると、いささか気も滅入ってくる人もいるだろう。しかし、秘書室で五年経てば営業に移って、経理も経験してというふうな予想が立てば、なんとなく将来の姿も想像でき、やり甲斐をもって今の仕事にとり組むことができるのではないか。しかしなんの目処もないまま、日々上司の指示に従うだけでは、どうだろうか。

「私はこの部署でずっとこんな仕事をしていくのだろうか。私の会社人生はずっとこのままで終わってしまうのだろうか」。そんなふうに誰もが悩むのではないかと思う。悩めば、今の仕事にも力が入らなくなる。

五十歳を過ぎて定年近くにでもなれば、新しい仕事にチャレンジする気力もなく、もうずっとこの部署でいいと思うだろう。しかし若い頃はまだまだ夢がある。いろいろな仕事を経験してみたいし、自分にどのような能力があるかも判らない。自分には営業の能力があるかもしれないのに、経理部にいればそれを発揮することはできない。あるいは企画をやりたいと思ってこの会社に入ったのに、もしかしたら一生企画ができないまま終わってしまうかもしれない。こういう不安やわだかまりを抱えている若い人は多いのではないだろうか。

新しい仕事を急に与えられる。これをいつまで続ければいいのだろうという不安を抱えたままで、三年、四年と過ぎていく。これは余り良いことではない。区切りをつけてあらかじめ一応、期間を伝えておくことで、部下もその仕事に集中できるのだと私は思う。その期限になってなおこのまま続けたいという者もいる。それはそれで事情の許す限り、続けさせてやればよい。

トラブルの処理と予告人事。この二点を上司がおさえられれば、その部下はトラブル対処の煩わしさ、そしていつまでこの仕事を続ければいいのかという不安がない分、成長する可能性があるということだ。そしていずれ上司を追い越していくであろう。それが上司にとっての大きな喜びなのである。またどんどん部下が上司を追い越していかなければ、会社は発展しない。会社の発展は即ち、人の発展でもあるのだ。

―― 部下が優秀であれば上司も優秀 ――

部下がどんどん力をつけてくる。まさに自分を追い越そうとしている。そこで上司は、部下に対する怖さや嫉妬を感じたりする。このまま行けば自分より上の地位に行ってしまうかもしれない、という焦りも出てくる。その不安から、部下を押さえつけようとする上司も出てくる。こういう上司は人間として最低である。きっと自分に自信がないからであろう。

部下が大きく育てば、上司は抜かれるか。

そうではないのである。自分より優秀な人材を育てようとすればするほど、結局その上司はもっと上に行くことになるのだ。部下が伸びていけば、結局はその部下を育てた上司も評価されることになる。これが面白いところで、部下を押さえつけようとすれば部下の出来は悪くなってくる。そうすると仕事も小さくなり、結局はその上司が周囲から評価されなくなってしまう。

逆に言えば、上司は、部下の才能に乗っかってしまえば良いのである。部下が優秀であれば、上司は上に押しあげられる。自分より能力が上の人間をいかに使えるかが上司の大事な能力だ。

だから、自分より優秀な部下が何人もいるということは、自分が指導者に向いていることでもあるのだ。うぬぼれても充分許される。

中国古典のなかに確かこんな話があった。

漢の大帝国をひらいた高祖劉邦がある時、部下の名将韓信とこんな話をしたという。

「私はどれくらいの兵の将になれるか」

「陛下ならせいぜい十万人の軍隊の将でございます」

「それなら君はどうだ」

「私は多いほどよろしゅうございます」

「それだけ有能な君が、なぜわしの部下になっているのだ」

「陛下は兵の将ではございませんが、将の将となれる方だからです」

つまり、大軍を指揮して勝利を収めるという才能では、韓信の方がずっとうわ手だが、高祖はその韓信を使いこなせる人だというわけである。そのことは高祖自身が部下に次のように語っている。

「自分ははかりごとをめぐらすという点では軍師の張良に及ばない。また、行政といった面では宰相の蕭何《しょうか》に及ばない。さらに軍隊を指揮して、戦えば必ず勝つということでも将軍の韓信にはかなわない。この三人はいずれも非常な傑物である。ただ自分は、この三人をよく用いることができる。それが天下を取れた理由だ」

どんなすぐれた人でも自分一人でできることは限りがあるだろう。だから人の才能を見抜き、使うことのできない人は、指導者として不向きである。優れた人を用い、優れた人の言に耳をかたむけてこそ、はじめて自分の力を超えた大きなことができる道がひらけてくるのである。

ある時、新聞記者に経営者の条件は如何と問われて、松下はニッコリと笑って次のように答えたものだ。

「経営者の条件は唯一つ。自分より優れた人を使うことができること。これだけで充分ですわ」と。

第十則

叱った後のフォローをする

――冷静に考えて叱る――

部下を引っ張っていくうえで、やはり叱らなければならない時がある。間違った考え方で仕事を進めていたり、あるいは放っておくと取り返しがつかなくなるような時には、ゆっくりと諭したりしている余裕はない。厳しく叱ることで部下の進む道を修正し、二度と同じ間違いを犯さないよう教えなければならない。それが上司の役目でもある。

叱る時に注意しなければならないことは、決して感情的になってはならないということだ。激怒するのはかまわない。優しく叱っても効果がない場合もあるだろう。しかし、あくまでも冷静に考えて激怒すべきである。妙な言い方かもしれないが、〝冷静に考えて叱り、感情いっぱいにほめる〟ことが部下育成のコツであると思う。

感情的になって叱ると、それは部下の人格否定につながる恐れがある。仕事の失敗に対して叱っているはずなのに、「だからお前はダメなんだ」という言い方になってくる。これでは部下も立つ瀬がない。自分という人間全てを否定されたように感じるだろう。そうなれば上司と部下の信頼関係は壊れ、溝が深まるばかりである。後味の悪さも残る。だから常に後味の悪さを残さないような工夫をするべきなのである。

後味の悪さを残さないためには、叱りながら、あるいは叱った後で部下の心が傷つかないようにフォローしてやることも大切だ。いくらこちらは冷静に、期待を込めて叱ったつもりでも、その気持ちが部下に伝わっているかどうかは判らない。部下も人間だ。叱られることによってプライドも傷つくだろうし、やる気をなくしたりするだろう。それをフォローしないで放っておけば、部下は成長しないばかりか、上司に対して逆恨みを持ってしまうようになる。

――否定して肯定する――

松下幸之助は、このフォローの仕方が非常にうまかった。松下に怒られると本当に怖かった。じっと見据えられて激怒されれば、身体が凍ったように動かなくなるほどだ。仕事に対し、部下に対して真剣に向き合っているからこそ怖いのであろう。叱って叱って叱り抜く、という言い方が当てはまるのではないだろうか。

しかし、その叱り抜くなかでも、ふっと救いの手をさしのべてくれる。一時間も二時間も立たされ叱られているなかで、「君の力があれば、できたはずだ」というような言葉をふっと言う。「君はもう充分にわしの考え方を理解しとるんやから、理解しているくせにそういうことをやったらアカンやないか」という言葉をかけてくれる。

これで厳しい叱責のなかで、救われたような気持ちになっていく。〝そうか、この人は私に期待しているからこそ叱っているんだ〟〝この人は決して私を否定しているわけではないんだ〟と思うことができる。

また、こういうことが時々あった。私が松下の意に沿わないことをしたり、ミスを犯して叱られる。〝しまったな、申し訳ないことをしたな〟とションボリしながら家に帰っていく。すると、家に帰ったのを見計らったように電話がかかってくる。

私は機先を制して、「先ほどは申し訳ございませんでした。今後は気をつけます」と口早に言う。すると松下は、「いや、あれはあれで判ってくれたらかまへんのや。

ところで君な、今わしはこういうことを考えてるんや。こういうことをやりたいんやけど、君、すぐに取りかかってくれへんか」と言うのである。先ほど叱った内容と、全く別の仕事の話を持ち出してくれるのだ。

これに私は何度も救われる思いがした。叱られるというのは、言ってみれば部下は上司に「否定」されるわけだ。ところが新しい仕事を与えられることは、上司から「肯定」されていることになるのである。

先ほどまで否定されてションボリしていたのが、肯定されることによって何倍もの元気がわいてくる。「よし、頑張ろう」という気持ちになってくる。松下がそれをどこまで考えてやっていたのかは判らないが、私自身の体験からすれば、そのような松下のフォローがあったからこそ、頑張ってこられたのだと思っている。

―― 部下に詫びる度量を持つ ――

さて、上司はいつも部下を正しい方向に向かわせようとして、注意を与えたり叱ったりする。ところが上司とて人間である。常に正しい指示を与え、常に正しい注意をしているというわけではない。時には誤った指示をしたり、時には日頃自分の言っていることと違うことを行なったりする場合もある。そのことはフェアにしなければならない。

かつてPHP研究所で教育に関するある提言を発表したことがある。これからの日本のために、まず教育を見直さなければならない。これからの日本を背負っていく子供たちのために、教育制度を考え直すべきである。そういう趣旨に基づいて、幅広い分野の専門家の方々に集まってもらい、松下幸之助をも含めて活発な意見交換をしたわけである。その提言がようやくまとまり、いよいよ新聞に意見広告を発表しようという段になった。すでに諸先生方の了承も取り、新聞に出す校正刷りもできている。その時に私のところへ松下から電話が入った。「君、あれ、やめとこう」と言うのである。「こういうものを出したら、都合の悪い人たちも出てくるかもしれへんからな」と。

私はすぐさま松下のところへ行き、こう言った。「日頃からPHP研究所は世のため人のためとおっしゃっているじゃないですか。この教育提言が国のためになると思えばこそ、みんなで議論してきたんじゃないですか。それなのに幾人かの人に都合が悪いかもしれないからといって、取り下げるなどということはおかしいと思います。日頃からおっしゃっていることと違います」。それだけ言うと私は、松下の部屋を出た。

これは武勇伝みたいな話になっているが、私としては覚悟を持って言ったのである。「これまでやってきたことは、なんだったのか」という思いが心のなかを駆けめぐっていた。

そういう思いで家に帰ると、間もなくして松下から電話があった。

「さっきの話は、わしが悪かった。よく考えてみるまでもなく君の言う通りや。わしが少し迷ったのが悪かった。やるべきことはやろう、断固として」

この松下の言葉に、私は思わず胸がいっぱいになった。

あの松下幸之助が「悪かった」と謝ってくれた。松下が八十九歳、私が四十四歳。年齢も立場も力量も全く違う。私を力でねじ伏せることくらい簡単にできるだろう。しかし松下は自分の誤りを認め、私に謝ってくれた。感動すると共に、つくづく松下の偉大さを知った。「私」にとらわれず、大所高所から決断する。その勇気に感激もした。これが上司だ。これが人間の姿だ。自分が間違っていたと思えば、たとえ部下に対してでも頭を下げる。そのすばらしさを私は教えられたのである。

信頼される上司になるためには、叱り方のコツばかりでなく、部下に詫びるコツも考えておかねばならない。自分が間違った時には、部下に対してもきっぱりと潔く頭を下げる。それによって部下は善悪や、やるべきこととやってはいけないことの判断が身についていくのである。部下に詫びることのできない卑怯な上司が多い。私は部下に詫びることをしない責任者は、上司としては失格だと考えている。

――相手を見て叱り方を考える――

叱るという行為は、叱る側にしてみてもしんどい作業である。できることなら叱らずに済ませたいと思うのが上司の心情だろう。しかし、叱らなければ考え方が伝わらないこともある。そういう意味で叱ることは、考え方を伝える延長線上にあると言えるだろう。

考え方を伝えるには、気持ちが入っていないと伝わらない。だからこそ叱る時にテクニックを弄するべきではないというのが、松下幸之助の考え方だ。一所懸命に叱らなければ、叱る相手に失礼だと言っていた。

しかし、だからと言って、松下が誰に対しても同じ叱り方をしたかと言えば、そうではない。現に私が秘書の仕事をしている時には、せいぜい注意か小言程度で済んでいた。ところが私が経営者の立場に立った途端に、それが叱責へと変わっていったのである。

やはり相手を冷静に見ながら、相手に合わせて一所懸命叱ることが大切なのだ。

気が弱い人間に対しては、あまり追いつめてもいけない。逆にボーッとしている人間には三時間くらい叱りまくってもいいのかもしれない。

―― 的確なフォローが大事 ――

そして、それぞれの人間に適したフォローをしていくことだ。結局、松下がいくら激怒しても、決して相手の人格を傷つけなかったのは、人間観がしっかりしていたからだと思う。どんな時にも相手を本質的に肯定し、相手の能力を評価したうえで叱っていた。もっと輝かせてやろうという気持ちで、一所懸命叱っていた。その気持ちが自然なフォローとして表れ、部下の心にも通じていったのであろう。

人間が集まれば、そこには必ずぶつかり合いが生まれる。喧嘩をすることもあるだろう。それは親友であれ恋人であれ、職場の人間であれ同じだ。カッとなることもある。それは人間なら仕方のないことだ。問題は、その後の状態、関係をいかに修復するかである。部下を叱った後に、上司とぶつかった後に、互いにどうするかがもっとも大切だ。それが人間関係の基本かもしれない。

私はその時に、冷静になって考えることだと思う。ほめられたから嬉しい。叱られたから悔しい。それだけで通り過ぎたのでは後になにも残らない。嬉しいとか悔しいという感情が残るだけだ。なぜ叱られたのか、どういう気持ちで上司は叱ったのか。そのことを考えるべきである。上司にしても、この叱り方で良かったのだろうか、自分が同じように叱られたらどんな気がするだろうか、それを考えなければならない。

叱ったり、叱られたり、これは日常茶飯事である。日常茶飯のことではあるけれど、決して些細なことではない。いつものこと、小さなことと軽く考えてはいけない。一つの誤った叱責のために関係が壊れることもある。的確なフォローをしなかったために、成るべきものも成らない、成功することも成功しないということになる。

そうならないために、考えることが必要だ。いつ叱ればいいのか。どのように叱ればいいのか。その後でどうフォローすればいいのか。瞬時にそこまで見えてから、叱責の第一声を発すべきだろう。

第十一則
雑談を大事にする

――ことあるごとに、考えを話す――

かつての日本の社会には〝男は黙っている方がいい〟というような価値観があった。家庭においても会社のなかでも、口数は少ないが黙って実行に移す。それが男の美学のように思われていた。ベラベラとよく喋る男は軽く見られたものである。また「あうんの呼吸」と言われるように、言葉で表現しなくても互いの気持ちを察するという文化があった。言葉で詳しく伝えなくても上司の「俺の言いたいことは判るだろ」の一言で、部下はその考えを察したものだ。

しかしこれは、あくまで単一な価値観の時代に通用した論理である。今は価値観多様化の時代。それぞれが個々の考え方をもち、さまざまな行動をとっていく時代である。仕事の進め方一つにしても、昔なら〝コレしかない〟という暗黙の了解があったが、今は上司の指示が一つでも、部下の考え方によって多種多様に受けとられていく。また、それが認められる時代でもある。

こういう時代になってくると、互いの気持ちを察するにも察しようがないのである。「俺の言いたいことは判るだろ」では通用しない。部下は他のことを考える。そういう時代なのだ。言葉なくしては伝わらないのである。

今は上司が、ことあるごとに自分の考えや気持ちを部下に伝えていくべきだ。部下が失敗したり、なにか問題が起きた時に懇々と言い含める。それも大切なことだ。しかしベストは、部下が失敗をする前に、失敗をさせないようなやり方を上司が心がけることである。

そのために、日頃から部下に話をすることが大切だ。自分の考え方を伝えるのは、なにも仕事の話だけではない。また、部下を呼びつけて机の前に立たせて話すことが、考えを伝えることではない。日々の雑談のなかで、さり気なく伝えていくというやり方もあるのだ。

——雑談で自分の哲学を語る——

松下幸之助が私にどのようにして考え方を伝えたかというと、結局は雑談だった。テレビを見ながら、「わしは今の政治についてこういうふうに思っとるんや」などと感想のようなものを口にする。「仕事をするのに熱意が一番大事やなあ」となに気なく語りかけてくる。あるいは一緒に食事をしている時に、なんの脈絡もなく「わしはこの頃感謝の心が足らんと思うんや。もしわしに感謝の心が足らんと思うたら、君、遠慮なくわしに注意してくれよ」などと言い出す。

仕事の話をしているわけでないから、こちらも気持ちがリラックスしている。そんな時にフッと言われた言葉は、ストンと心のなかに入ってくる。松下の心が浸み込むように自分の心に入ってくる。この繰り返しであった。

雑談というのは不思議なもので、雑談のなかで言われたことは意外と覚えているものだ。たぶんそれは、身構えることなく素直に聞くことができるからであろう。たとえば「君、ちょっとこっちへ来い」と言われ、机の前に立たされた上で「君な、人生と経営は賭け事ではないぞ」と強く言われたら、緊張し、身を固くしている私の頭のなかにその言葉は入って来ず、残らなかっただろうと思う。

ところが、二人で熱いお茶でもすすっている時に、ふと柔らかい口調で「君な、やっぱり人生と経営は賭け事ではないんやな」と言われれば、「なるほど、そうですね」となる。実に素直に骨身に浸み込んでくる。こうして入ってきたものは、部下は決して忘れないものだ。日頃は意識しなくとも、なにかの時にふと思い出されてくる。これが大切なのだ。

部下に考え方を伝えていく場合に、仕事の話だけではダメだと思う。仕事のやり方や仕事に対する考え方だけでなく、人間とはなにか、人生とはなにか、仕事とはなにか、あるいは結婚とは、家族とは、というような全てのことをひっくるめた自分の人生哲学までも伝えるべきだ。そこで初めて部下は、上司の哲学を仕事に活用できるようになる。

たとえば、仕事のなかでAというやり方とBというやり方が出てきた。上司はAというやり方が良いと教え、部下もそれを覚える。ところが途中でCというやり方が出てきた。AとBについては教わったが、Cをどう判断して良いか判らない。そういう迷いが失敗を生んでいく。しかし上司の哲学を日頃から理解していれば、大きな目でCを判断することができる。おそらく上司ならこう考えるだろうな、という判断ができる。応用問題が解けるのである。

〝Cというやり方は、成績を上げるにはいいかもしれない。しかし上司の人間観や社会観、仕事観には合わないな〞という応用が利くのである。上司が雑談のなかで人間観、社会観、仕事観を教えておくことは、このように部下が失敗する前の、いわば制御装置を与えておくことになるのだ。

――導かずに導く――

また先にも少し触れたが、できるだけソフトな口調で伝えるのがコツだ。もちろん厳しく諭すことも必要だが、いつもいつも厳しい言い方をしていると部下の方も反発を感じてしまう。

だいたい叱られたり、厳しい言い方をされれば部下はサッと身構えてしまう。そして心に鎧《よろい》を着てしまう。一度部下が鎧を着てしまえば、それを通して考え方を伝えることは無理だ。〝恐怖政治〟は部下の心を離反させ、やる気を失わせるだけだ。しかし、ソフトに表現すれば、相手は鎧もつけず兜もかぶらないのだから、どんどんこちらの言うことを吸収するだろう。

上司は部下を怖がらせてはいけない。いかに伸び伸びと、それでいて上司の思い通りに動くようにするかを考えなければならない。

たとえば、私の部屋に社員を呼びつける。そして「君、われわれは社会のためになるような活動をしなければならないんだ。それが判っているのか」などと言ったらどうだろう。私の部屋に呼ばれること自体緊張しているのに、そのうえに厳しい言い方をすれば身構えるばかりだ。おそらくその社員は、私に言われた話の内容よりも、厳しく言われたことだけが記憶に残るに違いない。それだけならいいが、反感すら抱くだろう。

それよりも、たまたま乗り合わせたエレベータのなかで、「なあ君、社会に貢献できるような会社にしたいな」と言えば、おそらく彼は私が引退した後もその言葉を覚えていてくれるだろう。この〝導かずに導く〟という方法が、松下幸之助流の導き方だと思う。

松下は、雑談のなかで私の心を解きほぐしながら、ソフトに言い聞かせながら、自分の考えを浸透させていった。部下の方としては単なる雑談だと思っているから、導かれていることに気づかない。「それはそうですね」とか「私もそう思います」というふうに答えながら、実は知らず識らずのうちに松下の考え方に導かれていく。私はそのようにして導かれ育てられてきた。松下の雑談によって育てられたと言えるように思う。

導かずに導く。なぜ松下はそのようなことができたか。それは松下自身にしっかりとした哲学があったからだ。雑談のなかではいろいろなことが話題になる。社会の出来事、政治・経済のこと、スポーツのこと、タレントのことなど、ありとあらゆるものが話題となる。

しかし、どんな話をしても、決して松下の話の軸はブレることがなかった。ある時は右と言ったり、またある時は左と言ってみたり、そういう軸がブレるということはなかった。その軸は「人間大事」という軸なのである。だから、哲学を持たないままの、勝手な雑談はかえってマイナスになる。部下がどう解釈してよいか混乱をまねくだけである。雑談で教えていくためには、上司は相当な哲学を構築する努力をしなければならないのである。

雑談というのは、ゴルフの話だけをすることではない。競馬の話だけをすることでもない。いや、そういう話だけなら会社ですべきではない。私の言う雑談というのは、あくまでも部下に考え方を伝えるものでなくてはならないということである。昼食を共に食べながらでも、休憩室で煙草を吸いながらでも、ふっと部下になにかを伝える努力をするべきである。そして、そのために上司は、日頃から自らの哲学を構築しておかなければいけない。

そうして導かずに導いた部下は、必ずやあなたの右腕となっていくだろう。

第十二則 率先垂範する

――先憂後楽の心構えを――

上司たる者は、まず自らが手本を示さなければならない。先頭に立って走らなければならない。この率先垂範の心構えを持つことは、当たり前中の当たり前のことである。

部下というのは結局、上司が振る舞うように振る舞っていくものだ。上司が居眠りをすれば部下も居眠りをする。上司が遊びまくれば部下も遊ぶようになる。上司がゴルフで交際費を使えば、部下も交際費を使うようになる。まさに部下は上司にとって、自分を写す鏡のようなものである。

山本五十六の言葉に「してみせて、言って聞かせて、させてみて、ほめてやらねば人は動かじ」という有名な文句があるが、やはり人を動かすためにまず必要なことは、「してみせて」ということであろう。まずは自分がやってみせなければ、部下は動くものではない。自分は遊んでいるのに、部下に仕事をしろと言う。あるいは自分が遅刻しているのに、部下の遅刻は許さない。そのようなことで部下がついてくるはずはない。

〝俺は部長だから細かい仕事はしなくていいんだ〟〝俺は立場が上だから少々遅刻してもいいんだ〟と公言する上司がいる。こういう人間に、決して組織を任せることはできない。部下の人たちがあまりにも可哀そうだ。

確かに、上司は部下の人たちと違う立場にある。部下の人より権限を持ち、責任を与えられている。しかし、立場が上だから遅刻をしていいのではない。全く逆だ。

上の立場だからこそ絶対に遅刻をしてはならないのだ。部下とは違う立場、役割にあることを、だからそれだけ責任の大きいことを、よく認識しておかなければならない。部下と同じように遊んでいるのでは責任者とは言えない。部下と同じような仕事の仕方をしているのでは、責任者としての資格がない。そこには明らかな、部下が認め尊敬できるような一線がなくてはならない。仕事の実力、日常の態度、さすが上司だと思わせるものがなければ責任者は務まらない。

部下を先に走らせて、自分が気を許してゴルフをしながら、酒を呑《の》みながらのろのろとついていくのでは、大将としての値打ちはない。大将がまず先頭切って走るからこそ、部下がやる気を出し、チームワークや総合力というものが生まれてくるのである。

先憂後楽の心構えというものがある。つまり上に立つ者は、下の者よりも先に気を回し心配をする。あるいは先に発意し、先々を考える。そして下の者よりも後で楽しむ。こういう先憂後楽の心構えが上司には必要である。

たとえば、部下たちの仕事を終わらせてやり、遊びに行かせる。そして上司は仕事の後始末を終えてから遊びに行くべきだ。部下が仕事の後始末をしているのに、自分はさっさと呑みに行ってしまう。あるいは部下が休日返上で働いているのに、自分は遊び呆けている。これでは部下の尊敬を得ることなどできはしない。

まず部下のことを思い、その後で自分のことを考えればいい。その姿を見ながら部下は上司を尊敬し、見習って成長していくのである。

松下幸之助は、昔、ある人からお茶でもと誘われレストランに入った。仕事の話をしていると、この店はその人のなじみの店のようで、注文もしないのに、豪華なランチが出てきた。その人はすぐに食べ始めたが、松下は手をつけない。じっとランチを見ている。訝《いぶか》しく思ったその人が、「松下君、なぜ食べないのか」と尋ねた。一瞬、間を置いて松下はしみじみと次のように語った。

「今お昼前です。この時間、うちの社員は工場で油にまみれ、汗にまみれて仕事をやってくれている。それなのに大将である私が、このような食事をしていていいのかどうか。心が痛み、考えているのです。むろん、あなたのご好意には感謝していますが……」と。

この言葉にその人はいたく感動したという。これこそ大将の言葉、この人こそ大将だと感銘したその人は間もなく自分の仕事を辞めて、松下の会社に入社している。こういう気持ち、こういう思いを上司たる者は持っていなければならないと私は思う。

――常に範となるような気概を持つ――

真理を探究し、それを人々に説くことに生涯をささげた哲人ソクラテス。彼は、その考えを危険視する時の政府によって死刑の宣告を受けた。死刑の執行を前にして友人たちはソクラテスに牢獄からの脱走をすすめた。そして実際にその手だてを計画したのである。しかしソクラテスは頑として脱走を拒否し、こう言ったのである。

「私はこれまでの半生を通じて、人々に国法を守るように説いてきた。国法が誤っていたり不当なものである場合、それを言論によって改めることは大切だが、国法である間はそれに従わなくてはならない。そう説いてきた私が、今不正な目に合っているからといって、死を恐れ、自分の言を破ることはできない。人間にとって大事なのは、ただ生きることではなく、よく生きる、正しく生きることなのだ」

そして従容《しようよう》として死刑の毒杯をあおいだ。

立派な教えを説くことは大切である。しかし、それ以上に重要なことは、それを身をもって実践し、範を示し貫き通すことだ。たとえ、どんなにいいことを説いても、その為すところがそれと反していたのでは、充分な説得力をもち得ないばかりか、人間として滑稽だろう。

まさにこのソクラテスの例は、率先垂範のエピソードとしては究極のものである。我々凡人には、とても考えられない行動かもしれない。非凡な強さがソクラテスにあったからこそ、「世界の四聖人」と称えられるのである。この精神には感銘を受けるが、人間はそれほど強いものでもない。

それをも含めたうえで、松下は次のように述べている。

指導者というものは、いろいろなかたちで自ら信ずるところ、思うところを人々にたえず訴えなくてはならない。と同時にそのことを自分自身が率先実践することが大事であろう。もちろん、力及ばずして百パーセントは実行できないということもあると思う。というよりそれが人間としての常かもしれない。しかし、身をもって範を示すという気概のない指導者には、人々は決して心からは従わないことを銘記しなくてはならないと思う。

自らが百パーセント範となるのは難しいと松下も述べている。それはそうだ。どんなに努力しようと及ばないこともあるし、見落とすこともあるだろう。しかし松下も言っているように、常に範となるよう気概を持っていなければならない。この気概さえあれば気持ちは通じるものである。この上司は率先垂範の気概を持っているのか。部下を先に走らせて自分は逃げようとしているのか。それをもっともよく察しているのは部下たちなのである。

――人材育成は社内でするもの――

さて、話は少しそれるが、日本には酒を呑みながらとるコミュニケーションがある。上司が部下を引き連れて呑み歩いている姿をよく目にする。単に人間関係を良くしたり、純粋に楽しみたいというのなら、それはそれでいいだろう。しかし、このコミュニケーションを、部下の育成法と考えたり、あるいは自分がリーダーシップをとっていくための手段と考えるのは邪道である。社内の人材育成というものは、あくまで職場で行なうべきことだ。

「今日は腹を割って話をしよう」と言って部下を呑みに連れていく。そして上司は「俺は日頃からこう考えているんだ」「俺はお前のことをこう思っているんだ」と酒の力を借りてクドクドと部下に言う。腹を割って勝手に喋っているのは上司の方だけである。「お互いに酔っているのだから、好きなことを言い合おうじゃないか」と、さも理解あり気に言うのはいいが、両目が酔っぱらっているのは上司だけだ。

部下の方は片目が酔っぱらっていても、もう一方の目は酔っていない。醒めている方の目で、冷静に上司のことを見ているものだ。それに気づかないで〝俺は呑みながらアイツを育ててやったんだ〟と勘違いしている上司のなんと多いことか。だいたい、呑みに連れていかなければ部下を育てられないような上司は、三流の上司だ。そんなものでリーダーシップはとれない。

松下幸之助は、部下を呑みに連れていったり、食事に連れていったりということを一切と言っていいほど、しなかった。もちろん身体が弱く、酒も呑まなかったということもあるが、やはり自らを律していたのだと思う。また、そんなことをしなくとも、部下を育成していけるという自信があったのかもしれない。加えて松下ほどの立場であれば、特定の部下と食事をしたりすれば、えこひいきしているなどと変に勘ぐられることもあるだろう。

諭す時は会社のなかで諭す。ほめる時も会社のなかでほめる。新しいアイデアが浮かんだ時も常にオープンにする。情報も透明にする。そうして仕事のことは全て会社のなかで解決していく。松下にこういう公平さがあったからこそ、多くの人間を引っ張っていくことができたのであろう。特定の人間と食事をしにいくことは逆に、多くの人間の信頼を失いかねないことを熟知していたのだと思う。

――部下は見ていないようで、見ている――

私も昔は、部下と昼食を食べにいったり、コーヒーを飲みにいったりしていた。

部下も二、三人しかいないし、まあ一人で食べるよりみんなで食べた方が楽しいだろう、くらいの気持ちであった。ところが私が経営をやることが決まった時、ある先輩が私にこうアドバイスしてくれた。「これからは部下を食事に連れていったりする時、誰とどこへ何回行ったかを全部手帳に控えておかないとダメだよ」と言うのである。

これには驚いた。こちらにしてみれば一回と二回は大した差ではない。しかし部下の方にしてみれば、その一回が非常に重いものになってくるという。なるほどと納得した。部下は見ていないようで見ている。数えていないようで数えているのである。調子にのって理解ある上司ぶって呑み歩いていると、結局は崖から足を踏みはずし転落してしまうというのである。

だから、私は経営者の立場になってから、唯の一度も特定の部下と食事などにいったことはない。それぞれの職場の懇親会などには呼ばれればいくが、それは会社の行事として参加するのであって、二次会などの出席は全て遠慮している。なにもそこまでしなくてもと思うかもしれないが、一つの石を取ることで大きな山が崩れることもある。その時、私のリーダーシップは崩れることになると思っている。

私は今、東京と大阪の半々の生活を送っている。大阪には家族がいるが、東京にいる時は独りきりだ。夕食を独りきりで食べるのはツマラないものだ。誰かに声をかけたくなる時も正直ある。

しかし私は自分を律しようと思っている。それほど堅苦しく考えなくてもいいのかもしれない。だが、それが松下の教えであり、私の生き方なのである。

第十三則

秘密をつくらない

——情報独占は孤立を招く——

これからの時代を大雑把にとらえると、情報化や価値観の多様化はますます進み、加えて高度技術化、高齢化、あるいは国際化というものが複雑にからんでくる。二十一世紀の特徴を一言で言えば、〝超高速、超複雑な社会〟になってくると私は思っている。

この超高速、超複雑な時代において企業になにが求められるか。それは素早い決断と素早い実行である。一分の判断の遅れが、結果的には三日の遅れになる。一日の遅れが三カ月の遅れになり、一カ月の遅れがもう三年もの遅れになってしまう。そういう時代なのである。

したがって企業が常に考えておかねばならないことは、一つの情報が瞬時に社内をかけ巡るというシステムをつくっておくことだ。部下が入手した情報がすぐに上に上がっていく、また上の情報がすぐに下に走っていくという状況をつくっておかなければ、これからの超高速時代にはついていけない。

特にこのことは上司が意識しておかなければならない。上の立場の人間の方が、やはりさまざまな情報は入りやすい。そして、よくやりがちなのが、その情報を部下に隠すということだ。

〝俺はお前たちよりいろんなことを知っているんだ〟ということを誇示し、それを武器に部下を引っ張っていこうとする。意識していなくても、無意識のうちにそういうことをやっている。こんな姑息なやり方をしてはいけない。第一、自分一人で情報を握っていたところでなんの役にも立たない。そんなものは一週間もすれば腐ってしまうだろう。腐った情報を大事そうに抱えている上司ほど愚かなものはない。また情報を抱え込む上司のところへは、部下も情報を流そうとはしない。

結果として、その上司の情報量は非常に少ないものになってしまう。今は一つの情報で物事が動く時代ではない。多くの情報を総合させながら事業を動かしていく時代だ。だから上司がいくら有益な情報を握っていたとしても、それだけではなんの役にも立たない。部下から上がってくる情報と併せてこそ、有益なものになるのである。

また、部下に秘密をつくらないで、全ての情報を公開していくことは、自らの考え方を伝えていくことにもなる。「こういう情報があるんだけど、私はそれについてこう思う」「この情報には私は左右されない方がいいと思う」と、一つの情報に関してコメントをすることで部下は上司の考え方を理解していく。どんな些細な情報でもかまわない。コメントを少し付け加えて部下に伝えていくことが非常に大切なのである。

自分のもっている情報、自分の考え、ひいては自分を全てさらけ出す時代だ。そういう意味では〝横の時代〟とも言えよう。相談、協力、協調、自律、自助、責任、選択、個性の時代なのである。組織もしかり、仕事の進め方もしかり。これまでのような縦の関係、命令、支配、管理の関係、服従、従属、画一、没個性ではスピード化にはついていけまい。

上司が秘密を持てば持つほど、そこには縦の関係ができてしまう。あるいは秘密をちらつかせながらの恐怖政治になってしまう。それでは企業は発展しない。今望まれるのは、自分をさらけ出しながら、なおかつ部下を引っ張っていける力量のある、勇気のある上司なのである。

――「信頼」は情報を漏らさず ――

松下幸之助は、こと経営に関してはいっさい隠し事をしなかったと言っていい。〝こんなことを我々の前で話していいのかな〟と思うようなことでも、公然と話をした。ヒソヒソ話をしなかった。松下への報告や相談は、たとえ役員クラスであろうともわざわざ一対一の密室では行なわれることはめったになかった。

報告のある人は随時、松下の部屋を訪れる。一人が報告している間にも、次々と人が松下の部屋に入ってくる。そして並べられた椅子に座って、順番を待っている。当然一人ひとりの報告を、なかで待っている人全員が聞くことになる。なかにはトップシークレットに属するのではないかというような話もある。外部に漏れてはマズいような内容もある。それでもかまわず松下は報告を聞き続け、話を続けた。みんな席をはずしてくれ、などということは言わなかった。私も初めの頃はびっくりした。こんな話を私が聞いてもいいのだろうかとも思っていたものだ。少なくともPHP研究所での、松下の、社員からの報告の受け方、聞き方はそうであった。

ところで、重要な情報を流された部下は、流されれば流されるほど、提供されればされるほど、自分自身にけじめをつけるようになる。部下自身のなかから他言してはならないという責任感がわいてくる。それが人情というものだろう。こんな重要な話もしてくれるという喜びもわいてくる。部下を信頼して話をしてくれる松下を、決して裏切るようなことを部下はできないのである。

また同時に、他部署の人間と松下のやり取りを聞くことは、別の角度から自分の仕事を見ることができる。そしてトータルで、松下が今なにを考えているかが理解できるのである。「ガラス張りの経営」という言い方を松下はしているが、この姿勢があればこそ、あれだけの大組織を一つにまとめることができたのかもしれない。

――派閥は情報伝達を妨げる――

それに加えて、松下は会社のなかで決して派閥をつくらなかった。これを経営において成功した要因の一つとして、本人も挙げている。会社の規模が小さな時に派閥がないのはわかるが、大きな企業になってからも派閥はできなかった。学閥あるいは、社長派だの専務派だのということを聞いたことがない。もちろん松下の卓越した指導力があったからだろうが、松下は意図的に閥をつくらせなかったのだと私は思っている。だからこそ、あれだけの大企業にもかかわらず、情報が非常に早く行き交ったのである。

ましてや、これからは超高速の時代である。派閥をつくるということは、結局は情報がそれぞれの派閥のなかで止まってしまい、自由闊達な動きがとれなくなる。派閥というものは見方を変えれば〝秘密をつくるグループ〟とも言えなくはない。それぞれが秘密を隠し合い、互いの腹を探り合うような会社に未来はない。これからの経営者は〝秘密のない組織づくり〟〝情報の飛び交う会社づくり〟を目指していかなければならないだろう。

だが、いくら秘密をつくらない経営とはいえ、社員のプライバシーに関することだけには気を配らなくてはならない。これは当然のことである。部下の個人的な事柄、賃金のことや仕事の評価というものに関しては、細心の注意を払うべきだ。それさえきちんとしていれば、情報は社内において全て公開していく。それが全員経営の秘訣というものだろう。

―― 経営をガラス張りにする ――

私は思うのだが、これからの企業は上場、非上場を問わず、大企業、中小企業を問わず、社会に対しても情報を公開していかなければならないという義務が制度化されてくるのではないだろうか。今は行政に向かっての情報公開が叫ばれている。各地方自治体に対しても、飲食費、接待費などの公開が求められるようになってきた。このような動きが企業に対しても、出てくるだろう。

また、いろいろなことをクリアに公開していくことが、今後の企業の社会的責任であると思う。それは接待費などのお金の面だけでなく、その企業が今どのような仕組み、システムになっているのか。どのような考え方、方針を持って事業を進めているのか。そういうことも含めてのことだ。企業が社会に対してガラス張りになることで、さまざまな不正を防ぐこともできるし、社会が納得するような企業に育つのだと思う。経営者の不祥事も未然に防ぐことができるだろう。企業の情報公開は経営者にとっても好ましいと言える。コーポレート・ガバナンスが今強く主張されるようになっているが、企業情報公開が一つの対応になると考えられる。

もしそうなると、経営者や責任者は外部に対して発言する機会が増えてくるだろう。その多くはメディアに対する発言ということになってくる。今やメディアの影響力は非常に大きいものがある。したがって発言の方法論も、責任者であるならば、日頃から考えておかねばならない。

このメディア対策について、松下から教えられたことがある。

私が経営者の立場になった頃、ＰＨＰについて、あるいは松下幸之助についての取材をよく受けた。私はいつでも一所懸命考え、真面目に誠実に答えていた。ところがある時、私があたかも松下に批判的でもあるような書き方をされたことがあった。私は驚いてすぐに松下のところへ行った。テープでもとっていればそれを聞いてもらえば判るのだが、それもない。「申し訳ございません。私は決してこんな発言をしていないのですが、記者の人に誤解されたようです」と謝った。

その時松下は、「いや心配せんでもええ。君がどんなに誠意をもって言っても、この記事を書く人は最初からストーリーをつくってるんや。辻斬りにでも遭ったと思えばええんや」と言ったのである。そして「けどな、辻斬りに遭っても、ひらりと体をかわす名人になれや」とニッコリ笑ってつけ加えたのである。

これは極意である。つまり自分の気持ちや意図を「百」伝えようとする時に、よく相手を見ながら表現していかなければならない。百を言っても三十しか書かない人であれば、こちらは三百のことを伝えなければならない。百を言って三百にまでふくらます人であれば、こちらの発言は三十に抑えなければならない。相手の善意や悪意までをも含めて、発言をしていかなければ正確な情報公開にはならない。誤解をまねくような情報公開はマイナスになるのである。今でも私は、ひらりと体をかわせられるようにはなっていないが、上司たる者、外部に正しく情報が伝わるような情報公開術を身につける必要がますます求められるだろう。

秘密を持っていてもなんの得にもならない時代である。クリアな状態で仕事を進めていかなければ取り残されるだけだ。自分の仕事だからと、秘密にしたまま抱え込む人間がいる。自分しか知らない、自分にだけ任された仕事だ、それがプライドだと思っている人間がいる。そういう人間に幅広い、大きな仕事はできない。

「俺は今こういう仕事をしている。この仕事をぜひ成功させたい。俺も自分の思っている情報を公開する。だから俺に足りない情報を教えてくれないか」。そんなふうに堂々と言えることこそが、真の仕事に対するプライドと愛情ではないだろうか。

第十四則

声をかける

――まず、上司から話しかける――

上司が自分の直属の部下のことをよく見ているのは当然のことだ。仕事をしていくなかで、あるいは朝のミーティングのなかで充分にコミュニケーションはとれる。

しかし部長クラスの責任者ともなれば、それだけでは足りない。自分の部署の部下だけでなく、会社全体の若手社員にも目を向けることが必要だ。他部署の人間だから関係ないとか、自分の部と仕事のつながりがないから話をしないというのではダメだ。全社的に広い視野を持ち、広く部下育成をしていくことが責任者に課せられた義務である。

まず心がけることは、積極的に声をかけることである。廊下ですれ違った時でも、エレベータに乗り合わせた時でも、なにか一声かけることが大切だ。

愚かな上司は部下に声をかけるのは沽券《こけん》にかかわる、俺のプライドが許さないなどと思っている。あるいは恥じらい、戸惑い、躊躇したりする。特に若手社員とエレベータに乗り合わせた時なども、上の者から声をかけるべきだ。若手社員であれば、上司とエレベータに乗っているだけで緊張するものだ。挨拶はするが、上司に話しかけるのは遠慮するだろう。

そんな時に上司の方から「頑張っているね」とか、「今どんな仕事をしているの」と話しかける。この一言で部下はとても心和らぐ気分になるものだ。ほんの何秒かの会話であるが、この一瞬の接触を上司は大事にしなければならない。

そして、できればこの時に、その人の名前をきちんと呼んであげることだ。ただ「元気か」と言われれば挨拶の延長線上のようだが、「○○君、元気か」と言われると嬉しいものだ。

まして他部署の上司なのに、自分の名前を覚えてくれているというのは、部下にとっては大きな喜びだ。あの上司が見ていてくれるのだから頑張ろう、と仕事にも張りが出てくる。そういう意味では他部署の人間の名前もできるだけ覚えることが、上司の役割と言えるのかもしれない。覚えていない時には名札を見て、「そう、

「○○君だったね」と言えばいい。

――何度でも声をかける――

声をかけ合ったり、元気よく挨拶をしたりすることは、社内の雰囲気づくりにとってても大切なことである。声をかけ合うというのは、別の言葉で言えば「思いやりの表現」と言える。「お仕事たいへんそうですね」「身体の調子はどうですか」という言葉も、相手のことを気にかける思いやりがあればこそ、瞬時に言葉として出てくるものである。このちょっとした心の通じ合いが、職場を明るくし、会社全体を活気づかせ社員にやる気を起こさせる基になるのだと私は思う。

朝出勤して誰かに会えば「おはようございます」と挨拶を交わす。しかし、その人ともう会わないかというと、そうではなく、一時間ほどしたらまたすれ違ったりする。この時に、もう先ほども会ったのだからと黙って目を合わせないようにすれ違おうとする。それはいけないと私は思う。

たとえ二度目でも「今日は暑いね」と声をかける。三度目でも「今日はよく会うね」と笑顔で一言言ってみる。こういう小さなコミュニケーションが部下との関係を良く保つ秘訣だろう。

上司を問わず、部下を問わず、うつ向いて、挨拶を避けるようにして社内を歩く。こんな人間が多ければ、職場の雰囲気は自然と暗くなる。暗い会社というのは、やはり発展していかないのではないだろうか。だからこそ、上司が明るく声をかけるべきなのである。

――名前の呼び捨ては、人格の呼び捨て――

さて、ここからは私事になるが、私は経営者になってからこれまで、社員に対しても「おはよう」と言ったことはない。必ず「おはようございます」と言うことにしている。松下幸之助に対しても、新入社員の人に対しても、同じように「おはようございます」と挨拶をする。これは他の人たち、部下の人たちに強要したことはない。私の生き方として、そうしているだけなのだ。

私に初めての子供が生まれた時、私の父が私たち夫婦を呼んでこう言った。

「あなた方は自分の子供の名前を呼ぶ時に、呼び捨てにしないでほしい。必ず〝さん〟付けで名前を呼んでほしい。そして子供に対しても〝おはよう〟ではなく、〝おはようございます〟という言い方をしてほしい」

そう言われたのである。自分の子供なのだから呼び捨てにしてもいいのでは、と思った。しかし、その時初めて気がついたのだが、父は私を呼び捨てで呼んだことがなかった。常に〝君〟をつけて私を呼んでいた。父はそういう美意識をもった人だった。

〝名前を呼び捨てにしないことは、いわゆる人格の肯定につながる。人間である以上、そして大切な子供である以上、その人格を全面的に肯定してあげたい。たとえ我が子であれ呼び捨てにすることは、人格の呼び捨てにもなる〟。父はそんな考え方をしていたのだろう。だから私は、他人に自分の子供たちの名前を言う時を除いては、子供たちを〝さん〟付けで呼ぶことにしている。もちろん社員に対しても、呼び捨てで名前を呼んだことは唯の一度もない。

――人を小馬鹿にしてはいけない――

私の父は非常に寡黙な人だ。私に対しても、ああしろ、こうしろなどと言ったことはない。ほんとうに、たまにくる手紙にしても、三行か四行で終わってしまう。たとえば、「風吹けど動ぜず大辺の月、自分の思うままに進まれたし。父より」と一筆書かれてあるだけだ。もう少しなにか書いてくれてもいいのにと、息子としては思ったりもする。その父が、その時は少しゆっくりと話をしてくれた。

「お礼の言葉にしても同じだ。大抵の人は、目上の人や年上の人になにかをしてもらえば〝ありがとうございます〟と言い、自分より立場の低い人や年下の人に対しては〝ありがとう〟と言う。私はそれはおかしいと思う。若い人がやってくれたことでも、上の人がやってくれたことでも、同じあなたのためにやってくれたことだ。そのことにおいての優劣の差は決してないはずだ。だからこそ、たとえ部下であろうと、自分の子供であろうと、できるだけ〝ありがとうございます〟と言うべきだと私は思っている。〝おはようございます〟という挨拶も同じことだ。相手を見て言葉を変えてはいけない。そして、人の名前を呼び捨てにするのは特にいけない。名前の呼び捨ては相手の人格の呼び捨てと同じだと私は思っている」

私は父のこの言葉にいたく感銘を受けた。以来私は、社員をはじめ、全ての人に父の教えの通り接してきた。

松下幸之助も絶対に人を差別しなかった人である。人格に差をつけることを許さなかった人である。この二人の人生の先輩から、私は人間観を教わったのである。二人ともいわばどんな人をも〝小馬鹿にする〟ことはなかった。

だから私は、人の肩書などによって差別する人間に対し、非常な嫌悪感を覚える。たとえば、〝平〟社員や小さな新聞社の記者がくれば軽くあしらうくせに、著名な経営者や大新聞の記者がくればやたらと腰が低くなる。そういう人間に対しては嫌悪感を覚えるだけでなく、卑劣な人間だと思ってしまう。どんな社員、新人記者がやってこようが、相手が一所懸命に聞いてくれれば、こちらも一所懸命に答える。それが人間としての礼節であり、松下と父から教えられたものなのである。

――思いやりの心が品格をつくる――

言葉というのは単なる表現方法の一つに過ぎない。とはいえ、やはり言葉遣いを聞けば、その人の人間に対する見方や品性というものが判るのではないだろうか。

ある政治家とホテルのラウンジで近くの席になったことがあった。時々テレビで見かけるし、なかなか立派な発言をする人物である。その代議士がウェイトレスに向かって急に怒鳴った。

「テメエ、こんなに遅く持ってきやがって、こっちは急いでるんだ！」と。私は思わずそちらを見てしまった。注文したものが遅いということで怒っているらしい。確かに遅かったのかもしれないし、時間がなくてイライラもしていたのだろう。それにしても「テメエ！」というのはおかしいと思う。怒るのはいい。しかし「テメエ！」というのは、明らかにウエートレスを見下した言い方である。そのような言葉は彼も上位者には決して遣わないだろう。その発言とその顔には品性のカケラも感じられない。その政治家に対する私の評価は、いっぺんに下がってしまった。

なにも気取った言葉遣いをしろというのではない。なにも貴族のような話し方が良いというのではない。ただ、思いやりのある言葉遣いをすべきである。たかが言葉遣いといえども、やはりそこにはその人の心根が表れるものだ。部下に言葉をかける時でも、決して横柄な話し方をすべきではない。「お前、ちゃんとやっているのか」などと偉そうに言うのであれば、黙っていた方がまだマシだろう。心からの言葉をかけてこそ、部下の心に浸み込むのである。

上司が部下に対して「おはようございます」「ありがとうございます」と丁寧に言ったりすると、なにか距離を置いているような、冷たい感じがすると思う人もいるかもしれない。がしかし、もし冷たく感じられるとするならば、それは心から出ている言葉ではないからである。口先だけの、つくられた言葉であるがゆえに冷たく感じるのであって、心から出ているものであれば必ずやその心は通じるものである。

大切なのはそこだ。呼び捨てにしないとか、年下の人に対しても〝ありがとうございます〟と言うのは、あくまでも私個人の美意識の問題である。これを他人に強要するつもりは毛頭ない。しかし、同じ声をかけ合うのなら、上司らしい美しい言葉をかけ合いたいものだ。上司としてのプライドを持ちながら部下の人格を肯定する言葉を選びたいものだ。

また、心に思いやりを持てば、自然と品格のない、汚ない言葉は出なくなると思う。なぜなら、思いやるという気持ちは、人間の感情のなかでもっともレベルの高い感情だと思うからである。そういう部下の人格を認める言葉を遣い、声をかけることによって、上司は慕われ、部下は喜びを持って仕事に取り組むだろう。

第十五則　部下を見て話をする

――相手の言葉の心を読む――

松下幸之助という人は、人と話をする時に必ず相手の目を見て話をした。私がなにかの報告をする時にも、私の目をじっと見つめて、身を乗り出すようにして、「そうか、そうか」と熱心に私の話を聞く。話をしている最中に部屋に誰かが入ってきたとしても、チラリともそちらを見ない。とにかく私の話を一言も聞き漏らすまいという感じで聞いてくれる。それほど真剣になって聞かれると、こちらも思わず話に力が入ったものだ。

この本心から聞いてくれるという姿には心打たれるものがあった。まして私などは、二十二年間、毎日のように会っているわけだ。昨日の報告と今日の報告が、そんなに大きく違うはずもない。松下にとって、そうそう興味深い新しい話を私がするわけでもない。にもかかわらず、松下の聞く姿勢は一貫して変わることはなかった。

その代わりと言ってはなんだが、叱る時も目を見据えて叱る。カッと睨《にら》まれて「なんでこんなことしたんや」などと言われようものなら、もう身が凍る思いであった。

しかしよく考えれば、目を見て叱るということは、こちらを受け容れてくれているからである。逆に目をそらせたままで叱るということは、「もういい、帰れ」と拒否されていることだろう。目を見ることは、その人を肯定することなのだ。

「目は口ほどにモノを言い」という諺《ことわざ》があるが、全くその通りである。じっと目を見て部下の話を聞いていると、言葉の裏にあるものが見えてくる。「言葉では調子のいいことを言っているが、本当はあまりいい状況ではないんだな」とか、「言葉では遠慮ぎみに聞こえるが、相当な自信をもっているな」とか、相手の気持ちが見えてくる。だから、相手の目を見るということは大きな判断材料となる。

誰しも上司には調子のいい報告をしたがるものだ。状況が悪い時でも、「大丈夫です。頑張りますから」と言うものだ。私自身も松下にはそういう報告をしたこともある。松下に心配をかけたくない気持ちや、調子が悪いなどと言いたくないというプライドが混ざり合い、決してウソではないが少しオブラートに包んだ言い方をする。

これは部下の心情として誰にでもあるだろう。だから、上司は部下のその言葉の裏にある心情をくみ取ってこそ、的確な指示ができるのである。また、じっと目を見て話をされ、あるいは話を聞かれると、人間なかなかデタラメな話はできないものだ。そのようにして部下の言葉の奥の、表現されていない真意、真実というものを上司は見抜かなければならない。見抜く力がなければならないのである。

――会って、目を見て話をする――

部下が一所懸命に報告しているのに、部下の目はおろか、部下の方すら見ない上司がいる。これでは上司失格だ。

私もそういう上司に出会ったことがある。こちらが一所懸命に報告しているのに「フン、フン」と気のない返事をする。報告とは関係のない書類に目を通しながら、いかにもどうでもいいような聞き方をする。案の定、途中で全くピントのずれた質問をしてくる。これではこちらが不安になってくる。

どうでもいいことを報告しているわけではない。重要なことだからこそ、事前にまとめておいて、短時間で説明しようとしているのである。「本当にこの人は判ってくれたのだろうか」と不安になるのは当然だ。こんな誠意のない聞き方をされたのでは、その上司が信頼できなくなってくるだろう。そして、こういう上司に限って、報告したにもかかわらず「そんな報告は受けていない」と後から怒り出したりするものだ。

また、こういう聞き方をしていると、上司自身も損である。上司がいい加減な姿勢で聞けば、部下もいい加減な姿勢で報告をするようになる。いい加減な報告には、必ず欠陥が生じる。それでは決して的確な指示や判断ができなくなる。その結果、仕事に悪影響が出てくるのは目に見えている。部下はやる気をなくし、いい加減な仕事をするようになるだろう。適切な仕事は、適切な報告から生まれるものだ。

まずは人間同士が会う。そして互いの目を見ながら直接話をする。これが人間関係の基本であると私は思っている。自分の意思を的確に伝えたいのなら、相手のことを本当に理解したいのなら、直接話をするべきだ。もし書いたものを渡すだけで相手に伝わるのなら、こんな簡単なことはない。私が喋ったことをテープレコーダーにとり、それを聞かすだけで真意が伝わるのなら、こんな楽なことはない。しかし、それではなかなか伝わらない。

もちろん連絡程度のものや、客観的な内容のものであれば文書を回すだけで事足りるだろう。しかし、自分の思いを伝えたいなら、熱意を判ってほしいのなら、やはり人間同士が向き合わなければならない。

ニュアンスという言葉があるが、これが大切なのである。微妙なニュアンスは、互いに目を合わさなければ決して伝わるものではない。私は電子メールで部下から報告を受け、部下に指示を出しながら、一方では、できるだけ直接部下と話をすることにしているが、それはこのニュアンスを伝えるためだ。電子メールや書いたものを渡すだけでは、必ず読み違えや誤解が生じる。ある程度のところまでは情報機器を駆使するが、最後のところ、詰めのところは部下の顔を見て、態度を見て、あるいは部下に私の顔、態度を見てもらいつつ話をする。

〝人を見て法を説く〟という言葉がある。つまり、実際に相手を見ながら、そして相手の考え方や反応を探りながら、法を説いていく。正確に自分の考えが相手に伝わるように話をする。それで初めて微妙なニュアンスを伝えることができるのである。

――互いの温度を伝えあう――

人間には温度がある。熱意や思い、あるいは意思や反発心といった心情が合わさって、人間の温度になってくる。この温度を伝えるために、会い、目を見て話すことが大切なのである。

私は社員たちを前に、月に一回は話をするよう努めている。会社の運営にとって大事な話をする場合もあるし、日々の雑感をとりとめもなく話す場合もある。しかしどんな些細な話であれ、社員全員に語りかける機会をつくるよう努力している。

それはなぜか。私の温度をみんなに伝えたいからである。三十分程度の時間のなか、全員の社員、一人ひとりの社員の目を一瞬ずつでも見ていく。目を離すまいとじっと見つめてくる人間もいる。うなずく部下もいる。無表情な部下もいる。そんなことをしながら私は社員の温度を身体に感じ、話を進めていく。社員もまた私の温度を感じてくれている。私は、この瞬間を大切にしたいと思っている。

私の言いたいことを紙に書いて社内で回覧する。その方が手間は省けるだろう。しかし、それでは言いたいことの三割も伝わらない。なぜなら、紙には温度がない。冷たい紙を手にしても、情熱の温度はなかなか伝わらないものだ。

情報機器が発達し、ファクシミリはもとより電子メールが幅を利かせてきた。確かに客観的な情報をより早く伝えるためには、非常に便利な機械である。これからどんどん企業内に浸透していくことは間違いない。しかし電子メールのやり取りが伝達手段の主になってはならない。あくまでも一つの役割であることをよく認識しておくべきだ。

でないと、必ずや落とし穴にはまることになるだろう。「そんなつもりで書いたのではない」「昨日電子メールを送ったのにまだ見てないのか」という行き違いがきっと出てくる。電子メールでの意見のやりとりは最終的に対立感情を生むケースが多いという。筋論・理屈論になってしまうからだろう。

電子メールを使って指示を出すことは一向にかまわない。時間の短縮にもなるだろう。しかしそれだけで足りないものに関しては、やはり確認をしながら、結局は直接会いながら指示をしていくべきだ。両方共々に使い分け、使いこなさなければならない。そうすることによって部下は、上司の考えていることを総合的につかむことができるのである。

電子メールで伝えられるのはあくまで情報の一部だ。言い換えれば点の情報である。点の情報だけでは部下は成長しない。上司と話すことによって点を線に結び、それを立体的に組み立てていくことで、部下は自己成長を遂げていくのだ。

――朝会で仲間の気持ちを知る――

常に上司は部下に対して温度を伝え、そして部下の温度を感じとることが必要である。

PHP研究所では毎朝、全社員が集まり朝会を行なっている。朝会など、時代おくれだという評論家もいる。しかし、そんなことはない。それは組織を理屈・理論で考えているからだ。朝会によってお互いに声をかけ合う、お互いに自分の考えを披露することができる。

全社的な連絡事項や各部からの報告の他に、毎日社員が一人ずつ話をするということになっている。三分から五分程度のもので、話の内容は本人が決める。仕事のことを話す者もいれば、趣味の話をする者もいる。全員の前で話をするわけだから、恥ずかしがり屋の人はイヤだと思っているに違いない。

しかし、私はこの朝会を止めるつもりはない。なぜなら、この五分間が、社員がお互いに人間の、仲間の体温を感じることのできる貴重な時間であるからだ。

特に上司の立場になれば、若い社員たちと直接話をする機会が少なくなってくる。だから上司は、若い人たちの話を一所懸命に聞くといい。そうすると、「あの子は大人しそうだけど、ずい分としっかりした考え方を持っているんだな」とか、「ちょっと元気がなさそうだな。なにか心配ごとがあるのかな」ということが肌で感じられる。

これが上司にとっては貴重なのである。若い人を自分の部屋へ呼んで、なにか話せと言っても、それは無理だ。気持ちを込めてそっと見て聞いているからこそ、その人の心情を見ることができるのだ。

部下の気持ちを理解するというのは難しいことだ。部下が上司の気持ちを理解する以上に、それは難しいことだと思う。しかし互いに理解し合い、互いの温度を感じ合わなければ良い仕事はできないと私は思う。

その第一歩が目を見て話し、部下の目からなにかを読みとることではないだろうか。報告だけを聞くのではなく、その裏にある不安や迷いの声を聞かなければならない。表には出てこない、声なき心の訴えを聞けてこそ、上司と呼べるのである。

部下の報告を受けながら、部下の声なき心の訴えを聞いているだろうか。

第十六則

「なぜ」を説明する

――曖昧《あいまい》な指示は命とりになる――

二十一世紀は価値観の多様化がますます進むだろう。簡単に言えば、みんながそれぞれの考え方を持ち、その考え方に従って行動をとり始める。そういうなかで部下を一つにまとめていくことは、なかなか難しいことになっていくに違いない。

自分がこういう思いを持っているのだから、部下も同じ思いでいてくれるだろうと考えるのは大きな間違いだ。自分が思っていることは、あくまでも自分だけが思っているに過ぎない。相手は相手でまた別の考え方をしている。極端に言えば、人が百人いれば百通りの考え方を持っていると考えておいた方がよい。

したがって部下に指示を与える時にも、これまでのように単一で曖昧な指示の与え方では部下は動かない。一人に伝えたのだから、みんなにも伝わるだろう。少しヒントを与えておけば、後は察してやってくれるだろう。こういう甘い考え方は通用しないのである。「なぜ」ということを、よく説明すべきである。〝なぜ、この仕事を進めていくのか〟〝なぜ、この仕事を君にやってもらうのか〟。それを部下の一人ひとりに伝えていかなければならない。そのためにもっとも大切なことは、上司自身が全体の仕事を掌握しておくことだ。上司が全体を理解していないままで部下に仕事を与えていくと、部下の仕事が大雑把になっていく。

これまでは大雑把でもやっていける部分があった。部下に仕事を託しながら、上司は徐々に全体を掌握していくという、のんびりしたやり方で許されていた。しかし超高速、超複雑化の時代になると、そんなことは許されない。仕事の専門性もますます高まってくる。曖昧な指示の仕方では部下に伝わらないし、その指示が命取りになる場合もある。しっかりとした理由付けをしてこそ、的確な仕事へと結びついていくのである。

——感性で納得させて導く——

また、特に若い世代の人を引っ張っていく時に大切なことは、理性、理屈で説明するだけではなく、感性で教えていくことだ。物事の正邪善悪を理屈だけで明確にしようとしてはいけない。これでは部下の反発を招くことになるし、真の理解へとは至らない。

たとえば、簡単に会社を休んではいけないことを伝えるとする。「有給休暇を一週間以上続けてとってはいけないのは規則だ。あまり休みをとらないというのが我が社の伝統だ」。こういう説明の仕方では部下は納得しないだろう。制度や習慣という、いわゆる理屈を前面に出してしまえば、今の若者たちはどこか反発を感じるものである。

そうではなく、感性で説明をしていくことだ。〝君が休むことによって他の人はどういう気持ちになるだろう〟〝君が休むことで、この仕事のやり方がどう変わるだろう〟ということを説明するべきだ。つまり、他人に迷惑をかけることについて、その人自身がどう感じるか、どういう気持ちになるかということをまわりくどいようだが、問うていくことである。そして、なぜ無断で、あるいは気軽に休むことが好ましくないかを繰り返し、じっくり説明する。

また、規則だから、習慣になっているから挨拶をしなさいというのではなく、「おはようございます」という挨拶にはどういう意味があるのかを教える。規則で挨拶をするのではなく、温かい心、思いやりの心で挨拶をすることを教えていく。

それが感性で指導をしていくということなのである。

このように感性を含めて説明をしながら、「なぜ」を伝えていくのがこれからの上司の役割だ。部下に注意したいこと、指示したいことについての「なぜ」を説明できなければ、これからの上司としては失格ということになるだろう。

――語り話して、すぐ理解させる――

松下幸之助の場合はどうだったか。松下は時折、この「なぜ」を必ずしも説明しなかった。ある種、禅問答のようなところがあった。それは部下に「気づきの育成」をする時だ。

たとえば、突然に「風が吹いても悟る人がおるわな」などということを言い出す。こちらはなんのことか判らないから、「ハア」と言って次の言葉を待つ。ところが次の言葉がない。なぜそんなことを言ったのかの説明が全くないのである。仕方なしに、それから何日もかかって、その言葉の意味を考え続ける。そして何日も考え続けることで、なんとなく松下の声なき声が聞こえてくるのだ。

「君はわしの話をいつも聞いておるけど、右から左へ聞き流している。そういうことではアカン。風の音を聞いても悟ることのできる人もいる。要するに常に問題意識を持っていれば、風の音を聞いても、ああそうかと思うものや。ニュートンにしても問題意識があったからこそ、リンゴが木から落ちただけで万有引力を発見したわけや。そう考えたら、君ももっと問題意識を持ってわしの話を聞けば、もうちょっと賢くなるやろ」

そういう声が聞こえてきた。実際に松下が言った言葉ではないが、私は心のなかでそんな松下の声を聞いたのである。「風が吹いても悟る人がおるわな」というのは、松下の私に対する語りかけである。その語りかけの「なぜ」を私は探し続けていた。そしてその「なぜ」を見つけた時、松下の考え方の一つが、私の腹のなかに深く浸み込んでいったのである。こんな育てられ方をした私は幸せだと思う。私が悟るまで待ってくれていた松下には感謝の言葉もない。ありがたかったと、今もしみじみ思う。

しかし、この禅問答を並みの上司が松下幸之助流にやることは難しいだろう。まして、これからの時代においては、この語りかける指導はできなくなってくる。語りかけ、部下がそれを悟ればいい。しかし、悟るまでに時間が流れていく。時間が流れていく間に、社会はどんどん動いていってしまう。悟った頃には社会から取り残されている可能性もあるのだ。

だからこそ、部下が素早く悟れるように、的確に「なぜ」を説明しなければならない。それも理屈だけではなく感性を入れながらだ。この感性指導こそが、松下の語りかけ教育、雑談による教育に通じるものであると私は信じている。

――やりたい仕事をやらせてみる――

多様化時代の部下育成において、いま一つ大切なことがある。それは部下たちのやりたいことをできるだけやらせることだ。

企画がやりたいのであれば企画部に、営業がやりたいのであれば営業部に、人事がやりたいのであれば人事部にと、できるだけ希望に沿うように心がけることである。もちろん個々人の素質や時期についてはよく考えなければならないが、基本的には希望をかなえてやろうとする姿勢を上司は持つべきだろう。

これまでの時代は、やりたくないこともやるということが一つの修行、努力としてとらえられていた。しかしこれからは、どれだけ熱意を込めて仕事に取り組めるか、どれだけその人の能力を発揮させることができるか、即ち、押さえつけるのではなく、どれだけ伸ばそうかという考え方に立つべきなのである。

考えてみれば、ひと昔前は職種が非常に限られていた。極端に言えば造る人と売る人だけであった。会社組織を見ても、技術と製造と販売部門、あとは経理と人事くらいのものだ。非常に小さく狭いところで仕事をしていたわけだ。したがってそれ以外の才能があり、新しいことをいくらやりたいと思っても、会社にいる限り、造るか売るかで我慢せざるを得なかったのである。

ところが、今はそういう時代ではない。実に多種多様な職種が生まれてきている。コンピュータ・ゲームソフトの開発などという、仕事をしているのか遊んでいるのかわからないような仕事など、三十年前には考えられなかった。

実際に今の若い人たちを見ていると、自分のやりたい仕事をしている人が多い。コンピュータ・ソフトの開発など、学生時代の趣味の延長線上で楽しんでいる。そして、そういう新しい分野がまた、莫大な経済効果を生み出しているのも事実だ。そういう時代なのだ。

新しい多くの職種が出てきた時に、それに順応できる新しい才能を見つけていくのが上司の役割だろう。そのためには、まずやりたいことをやらせるべきだ。わがままだと言って押さえつけるのではなく、新しい才能を見つけてやろうという気持ちを持たなければならない。

「やりたいことをやるなんて十年早い」とか、「もっと社会勉強してから言え」などと押さえつけてはダメだ。そんな考え方では、若い才能はどんどん外へ流れていってしまう。部下の才能を発掘する才能が上司には求められているのだ。

――失敗して勉強させる――

私自身も経営をやっていくなかで、常にこれは心がけている。もちろんPHPの基本理念に合わないようなことを言われても、それは困る。ゼネコンの仕事をやりたいと言われてもそれはできないし、金融業をやりたいと言われても、それは本来の使命、方向性とは違いすぎるだろう。PHP研究所という会社の枠のなかであれば、あるいはPHP研究所の枠を広げる可能性を持ったものであれば、どんどんやってもらえばいい。

原則としては、やりたいことをやらせる。その分野でその部下が伸びるのであれば、できる限り伸ばしてやりたいと思っている。

しかし、新しいことには必ずリスクが伴うものだ。成功すればそれに越したことはないが、失敗することも上司として考えておかねばならない。その判断は非常に難しいところである。無論、会社の経営を揺るがすような失敗は許されないが、多少の失敗は上司としては覚悟すべきだろう。その失敗が、失敗した部下の血となり肉となるのであれば、それは一つの財産として残ると考えればいい。

ただし、誰にでも好き放題やらせるということではない。こういうことをやりたいと部下が言ってきた時、その部下が「なぜ」を説明できるかが重要だ。なぜ、その仕事をこの会社でやらなければならないのか。なぜ、今やるのか。なぜ、自分がやりたいのか。この説明をよく聞くことにしている。そして私の「なぜ」に部下が答えることができた時、そして、燃えるような熱意をその部下に感じることができた時、ゴーサインを出す。

上司が部下に指示を出す時、「なぜ」を伝えなければならない。同じように部下が上司に発案する時も、「なぜ」をしっかりと説明していく。そして互いに納得したうえで仕事を進めていく。そういう時代なのである。

これからは「あうんの呼吸」でビジネスは成立しない。「男は黙って」仕事はできない時代に入った。「なぜの呼吸」を持つことがもっとも大切なのである。

第十七則　訴える

――繰り返して話さなければ伝わらぬ――

経営者をはじめ、上司の立場にある人は、自分の考え方や思いを常に部下に訴え続けていかねばならない。それは一回や二回話したからといって、到底伝わるものではない。十回も二十回も繰り返し訴えることが必要なのである。

松下幸之助は若い頃、三年近く毎日の朝会で自分の考え方を社員に話したことがあった。なんのためにこの会社が存在するのか。この会社が目指すところはどこなのか。その思いを、題材を変えながら話して聞かせた。毎朝十分か十五分程度の時間ではあるが、これを三年間も続けるというのは、たいへんなことである。余程日頃から考え抜いていないとできないことであろう。その熱意にはまさに頭が下がる思いがする。

聞いている社員の方にしても、最初はただ〝なるほど〟と思うだけである。しかし繰り返し聞かされることにより、松下幸之助の思いが徐々に心のなかに浸み込んでくる。そしてやがては松下の思いと同じくらい強い思いを持つようになる。「大将、そんななまぬるいことではあきません。わたしらにまかせてください」と、そんな言葉を部下から聞いた時、松下はきっと毎朝話をしなくても済むようになったのだろう。

経営者なり上司が、自分の考え方を一〇〇パーセント部下に伝えたいと思うのなら、一〇〇〇パーセントの熱意を持って訴えなければならない。十倍くらいの熱意を持って考え方を構築し、根気強く訴えていかなければ伝わるものではない。年に一回話をしているから大丈夫だとか、書類を回してあるから理解しているだろうと考えるのは、とんでもない勘違いである。考え方や思いを伝えることの大切さと難しさを、もっと認識すべきである。

松下は二十二年間にわたり、私に繰り返し繰り返し自分の考え方を語り続けた。若い頃の私は、同じような話を聞かされるたびに、よく、同じ話をするものだと訝《いぶか》しく思ったこともある。しかし何回も聞かされることで、それがいつの間にか心のなかに浸み込んでいった。だからこそ松下と離れて仕事をするようになってからでも、「それはやらん方がええよ」「それはなにがなんでもやるべきやな」という声が聞こえてくるのだと思う。

松下幸之助がよく私に話し続けていたのは、「人を大事にしなさい」ということだった。「会社は君一人で成り立っているのではないんだよ」ということを、手を替え品を替え教え込まれた。松下自身も、「自分一人で会社を経営したとか、大きくしたというふうにわしは思ってない。優れた人材がみんなで力を合わせて会社を大きくした。わしはその上に乗っかっていただけや」といつも言っていた。

松下の場合には、実際にはそうではなく、やはり「松下幸之助の力量」が大きかったと思うのだが、そういう話を繰り返し聞かされると、なるほど部下の存在、部下の偉大さを認識し、改めて部下の大切さを感じるのである。

――人生と経営は賭け事ではない――

また、経営者とはなにかについても繰り返し話してくれ、教えてくれた。

経営者が熱意を持つのは当然のことである。大切なのはその熱意をいかに社員に訴え、周知徹底させるかということだ。そして社員の心に訴えるためには、自らが常に考え続けていなければならない。ちょっとした思いつきなどで経営者はモノを言ってはいけない。経営者は占い師ではないし、遊びやゲームで経営をやっているわけではない。日頃から自分の会社のこと、自社の商品のこと、お客様のこと、株主のこと、社員のこと全てを考えていなければならない。

考え続け、考え抜く姿勢が経営者には必要であることを、常に諭されたのである。そして考え抜いた事そのものを、社員や社会に対して全身全霊でもって語りかけていく。訴えていく。その努力をしなければならないことを身をもって教え込まれた。

社員を叱り飛ばしながら、自分は経営にほどほどに取り組み、なかには夜な夜な遊び回り、社員に一、二回話すぐらいで、懸命に訴えることもせず、それで経営もやっていこうとする。そんないわゆる〝思いつき経営〟〝ほどほど経営〟をやっている経営者が今は非常に多い気がする。

経営者というものは社員の家族の命を預かっているのと同じだ。また自社の製品を買ってくれている全てのお客さんに対しても責任がある。その責任の重さを本当に知っていれば、会社の金で遊び回ることなどできないはずである。もし自分が平日でもゴルフにうち興じたいのなら、毎夜酒を飲んで遊び回りたいのなら、社長になどならなければいい。あえてそんなシンドイことを引き受ける必要はないのだから、辞退すればいいと私は思う。おもしろおかしく経営などできるはずもない。

　これは経営者の話だけではなく、責任者と呼ばれる人たちも同じことだ。上司であるからには、その部署の責任の全てがかかってくる。その責任を全うするためには、やはり考え抜くことが必要だ。それをしないで遊びに大きな興味があるなら、上司になどならなければいいのである。こうして上司が考え抜いたものを、熱意をもって部下に訴え続ければ、部下の心にはそれが確実に残るものだ。

　松下は午前中、時折テレビで株式市況の番組を見ることがあった。ある時松下が私に聞いてきた。「君、わしがなぜ株式市況の番組を見ているか分かるか」と。私は初め、なにを聞かれているのか理解できずキョトンとしていた。松下は続けた。

「わしは日本の動き、世界の動きを株式市況で読み取ろうとしているだけや。株を買おうと思って見てるんやないで。ええか君、これから株を買おうと思う時もあるやろ。土地を買おうと思う時もあるやろ。けど、決して金儲けのために株に手を出したらあかんで。株を買うのなら、その会社を応援してやろうという気持ちで買わなければあかん。土地にしても同じじゃや。自分の事務所を建てよう、自分の家を建てようと土地を買うのはいい。けど、土地を買って金儲けをしようなどと考えたらいかん。だいたい、人生と経営は賭け事ではないんやで」

この「人生と経営は賭け事ではない」というのは松下の哲学の一つである。このことを事あるごとに私に語りかけた。いろいろな例を出しながら教えてくれたのである。それは私の心にしっかりと残った。

―― 教えに従えば失敗なし ――

これは私事になるのだが、ちょうどバブル経済が始まった頃に、土地つきマンションを買わないかという話が私のところに舞い込んできた。話を持ってきた人は取引先銀行の支店長で、私もよく知った人である。そういう意味ではまあ信頼けできる。

話を聞いてみると、私は一銭も金を出さないでもいいという。土地がどんどん値上がりしている時だったので、現物担保で銀行が全額融資をしてくれるというわけだ。それで私がマンションを買って、賃貸マンションとして部屋を人に貸す。その家賃収入で借金を返せば、私はなにもしないでも七十歳くらいになった時に私のものになるという計算である。もちろんマンションの管理は全て銀行の関連会社がやってくれる。

私はなかなかいい話だなと思い、さっそく現地を見に行った。場所は京都と大阪の中間で、ちょっと小高い山の上に建っている。周りの環境も良く、部屋から見る夜景はさぞかし美しいだろうなと思った。

私は買う決心をした。当時の売り出し価格は一億数千万円。私は一銭も払わずして、やがてはマンションのオーナーになれるのだ。

決心をして家へ帰る途中、ふと松下幸之助の言葉が、どこからともなく聞こえてきた。

「人生と経営は賭け事ではないんやで」と。私はハッとした。私利私欲にとらわれて、ついフラフラッとした気持ちになっていたが、松下の言葉を思い出して冷静になることができた。

私は帰るとすぐ支店長のところに電話を入れた。「やっぱり買うのはやめようと思います」と。これからどんどん土地は値上がりするのに、ほんとうにもったいないですよ、と言う支店長の話も私の耳には全く入ってこなかった。松下の教えに背きそうになった自分が恥ずかしかった。

結果はご承知の通りである。バブルは崩壊し、土地はまたたく間に値下がりした。冷静に考えてみれば、夜景が美しい小高い山にあるマンションということは、車がなければ行くことはできない。駐車場を確保することさえ難しいのだから、そんな不便なマンションを高い値段で借りる人などいないだろう。

そうなると一億数千万の借金を自分で返さなければならない。売ったとしてもせいぜい三分の一くらいにしかならないだろう。会社を辞めて退職金をつぎ込んでもまだまだ足りない。結局は自分の家までも手放すハメになっていたと思う。松下が繰り返し教えてくれた言葉で、私の人生は救われたのである。

――いつも「正しさ」が行動基準――

私利私欲にとらわれてはならないと、松下はいつも社員に訴え続けていた。どうすれば会社が発展するかを経営者は常に考えなければならない。その時にただ自分の会社のことだけを考えてはいけない。自分の給料が上がることだけを考えてはいけない。

自分の会社が大きくなることで人々の幸せに貢献する。すばらしい商品を生み出すことで、なによりもお客さんに喜んでもらい、さらに社会に貢献する。そういう考えに立脚したうえで、経営をしていかなければならない。

人間として正しいこと、社会的に正義であること。それがあくまでも基本になる。これを忘れると、必ず会社は失敗する。一時期は儲かることもあろうが、私利私欲に基づいた経営は、必ず衰退していく。こういうことを松下幸之助は社員に向かって幾百回、幾千回、幾万回と訴え続けたのである。

松下幸之助のように、果たして今の上司は経営を考え続けているだろうか。自分の思いを社員や部下に訴え続けているだろうか。日々一〇〇パーセントの熱意を持って訴えているだろうか。そして部下たちは、上司がいないところで上司の〝声なき声〟を聞いているのだろうか。

第十八則

部下に感謝の念を持つ

――部下が会社を支えている――

一つの大きな仕事を成し遂げる。その成功要因のなかで、もっとも大きなものはなにか。表向きは指導者の力量や指示の的確さということになるのだが、私自身はスッキリとそうは思えない。

ＰＨＰ研究所もここ二十年という間にそれなりの発展を遂げてきた。しかしそれが、リーダーである自分の指導よろしきを得たからなのか。自分がそれだけのリーダーシップを発揮し得たからなのか。

否、自分の指導力というよりむしろ、部下の人たちの努力というものが非常に大きかったからではないかと、本心そう感じている。

たとえば、年間の売上げが百億、二百億という額になってくる。部単位にしても数十億になる。こんな金額を一人の力で生み出すことは不可能である。真っ当な仕事をして一人の人間が二百億ものお金を生み出すことなど、どんな優秀な人間でも、できるものではない。やはり大きな仕事を成し遂げるためには、確かにリーダーの方向指示は大事だが、方向に沿って全力をあげ、熱意を持って取り組んでくれる部下の人たちの働きなしには、絶対に成果を上げることはできないのである。

また、方針さえよければ部下は一所懸命やってくれるかというと、決してそうではない。リーダーが必死に訴え、お願いしたからといって部下が動いてくれるかといえば、そんな簡単なものではない。

方針としては正しくても、その方針を部下それぞれが自分のものとして取り入れ、そして実践、実行してくれなければ発展はしない。したがって、仕事の成功のウエイトを考えた場合、経営者、上司のウエイトが三割で、部下のウエイトが七割を占めると私は考えている。

――日本の発展は社員の努力の成果――

戦後日本経済のなかには、卓越した指導者が多くいた。松下幸之助をはじめ、土光敏夫さん、本田宗一郎さん、盛田昭夫さん、井深大さんなど、錚々《そうそう》たる名前を挙げることができる。確かにすばらしい指導力と品性を持った経営者たちであった。しかし、いくら彼らが優れた経営者であったとしても、工場のベルトコンベアーの前で製品を造っている若い人たちが、努力もせず能力も発揮しなかったとすれば、日本経済はここまで発展することはなかったであろう。

アメリカにも優れたリーダーがいる。東南アジアにも、日本のリーダーに勝るとも劣らない人たちがたくさんいる。しかし、実際にベルトコンベアーの前で製品を造っている人たちを比べると、日本の従業員の質の高さの方が勝っていたのではないだろうか。彼ら一人ひとりが、それぞれの実力を発揮したからこそ、日本の企業は発展してきたのである。そのように、社員の努力と熱意のおかげだと思った時、思わず経営者は部下に手を合わせたくなる。上司は心から敬意を表す気持ちになるのではないだろうか。

経営者が外部に向けて話をする時、よく「ここまでこられたのも社員のおかげです」という言い方をする。本心から出た言葉であればいいが、そうではない場合もある。

日頃は「ウチの社員はロクなものがおらん」などと言いながら、新聞の取材の時や、なにかのセレモニーの時には「社員みなさんの努力のおかげです」と言う。口先では殊勝なことを言いながら、心では〝俺がいるからこの会社はもっているんだ〟と思っている。その本心がちらりと見えた時、部下の心は離れていくのである。

――あなたは、人の心に花を咲かせられるか――

今の政治家にも全く同じことが言えるだろう。選挙の時にだけ「国民のみなさま」を連発する。あたかも国民と一体感を持っているような言い方をする。ところが当選するや否や、その態度がガラッと変わる。傲慢になる。品性のカケラも感じられない政治家のなんと多いことか。これでは、いつまで経っても、日本の政治は三流だと言われ続けねばなるまい。

経営者が本心から部下に感謝をしているかどうか。それは言葉にしなくても判るものである。表現しなくても滲み出てくるものだ。切り花と根の張った花の違いのようなものだろう。切り花は初めは美しい。同じように美辞麗句を並べていれば、部下も最初は気分がいいだろう。しかし、やがては枯れてしまう。本心から部下に感謝をしていれば、その心は根っこに浸み込み、やがて部下の心に葉を出させ、花を咲かせることになる。

社員一人ひとりに、心の底からお礼を言いたい気持ち、「ありがとう、あなたたちのおかげだよ」と心から言える気持ちがあれば、言葉でどんなに厳しい叱責をしたとしても、部下の心は決して離れていかないものだ。心で〝バカな部下だ〟と思っているのに調子のいいことを言っても、部下にはすぐに見抜かれるだろう。切り花が枯れた姿はみじめなものだ。そして一度枯れると、二度と花を咲かすことはない。このことをよく知っておくことである。

―― 部下に手を合わせて感謝する ――

経営者や上司にとって必要なのは、常に部下の人間としての本質、人格を評価し、認めていくことである。その人の無限に持っている能力を絶対的に評価しながら、部下と接していくことを心がけねばならない。

「人間は宇宙の動きに順応しつつ、万物を支配する力が本性として与えられている。全ての人間はそうした能力を持っている」。松下幸之助は、このような人間観を持っていた。だから決して、人を小馬鹿にするようなことはなかった。それどころか、部下に手を合わせ続けていた。感謝し続けていた。

相手の肩書がどうであろうが、出身がどうであろうが、有名人であれ無名の人であれ、全く差をつけることをしなかった。どんな人にも誠実に接していく人だった。この松下の生き方は本当にすばらしいと思う。何十年間松下の側にいても、松下の人への接し方にはいつも感動させられたものだ。

考えてみれば、松下の人間観は、やはり若い頃からの苦労によって生まれてきたのだと思う。九歳の時に家を出されてから、たった一人で生きてきた。結核にかかって故郷に帰れと言われるが、父親が米相場に手を出して失敗したため、一家は離散。そのために松下には帰る故郷もなかった。今のように健康保険もない時代だから、金のない松下は病院に入ることもできない。死の恐怖と闘いながらも、それでも生きていくために働かなければならない。自分で養生をしながら、二日働いては一日休む。四日働いては二日休むというふうにしながら暮らしてきた。

二十八歳になるまでに親兄姉九人は全て死んでしまう。帰る故郷もなくなってしまった。学校も出ていないから、心の支えになる友もいなかっただろう。お金もないし身体も弱い。そんななかから松下は会社を興してきた。

ゼロからの出発などというものではない。ゼロどころかマイナスからの出発だった。努力に努力を重ねてマイナスをゼロに持っていった。そしてコツコツと誠実に積み重ね、いわば百の世界にまで到達してしまった。時代背景ということももちろんあろうが、マイナスの世界から百の世界まで、全ての世界、全ての段階を一つひとつ見てきた人というのは稀有ではないだろうか。

今は豊かな時代である。貧しいと言っても、食べるものに不自由することはないだろう。そういう意味で我々は、生まれた時からすでに十五くらいのところから出発している。そして高学歴社会になった現代の若者たちは、知識も人との接触も増えてくる。大学を卒業して社会人になる時には、三十くらいからのスタートになるだろう。

そして大抵の場合は、三十からスタートしてせいぜい四十か五十くらいで人生を終えることになる。松下幸之助のようにマイナスから出発して百近くにまで登りつめる人は、もう出てこないのかもしれない。

――愚かな者は偉そうに振る舞う――

マイナスから百までを見てきた人間と、三十から五十までしか見ていない人間。この差はいったいなんなのか。もちろん経験の大小は言うまでもないことだ。しかし、なによりも違うのは、考える時間の長さではないだろうか。苦しい時や追いつめられた時に、人間は全神経を集中させて考える。なんとかその状況を変えようと考える。

松下は生涯考え続けていたのだと思う。どうすれば食べていけるのか。どうすれば病気が良くなるのか。どうすれば人が動くのか。どうすれば会社が発展するのか。そして、どうすれば社会全体が良くなるのか。〝どうすれば〟の連続だった。そこに人間としての深みが出てきたのだと思う。三十から五十までの人間には、この〝どうすれば〟という絶対数が少ない。もちろん日々真剣に考えてはいると思うが、松下の持つ深みにはかなうはずもないだろう。

松下の人間観も、そういう経験のなかから生まれてきた。なにも持っていない病弱な青年に世間は目を向けない。おそらく小馬鹿にされたり、軽く見られたりということの連続であっただろう。その時の人の気持ち、悔しさ、人情の機微を味わいながら生きてきた。あるいはそこから、人間を見る哲学も生まれてきた。人を大切にする気持ち、感謝する心も生まれてきたのである。

もし松下が三十からスタートした人であれば、経営者として成功したかどうかは別として、松下幸之助独自の思想や哲学は生まれていなかっただろう。そしてまた、思想や哲学を持たない経営者に私が育てられたとしたら、おそらく私も基本理念や哲学を軽視する上司になっていたかもしれない。

また松下と一緒にいると、尊大ぶることがいかにバカげたことかが判る。威張り散らすこと、偉そうに振る舞うことがいかに愚かなことかが判る。また、いかに品性のないことであるかがよく判る。

逆に、人に対する感謝の念が自然にわいてくる。そのことだけでも、松下幸之助の側にいて本当に良かったと思うのである。

今、日本の経済は沈滞している。沈滞している要因の一つは経営者が虚栄をはり、部下を見下し、尊大に振る舞っているところにあろう。そういう外面的なことばかりにとらわれるのではなく、部下への感謝の念を上司や経営者が取り戻すことが大切である。その時、再び日本に優れた経営者が次々に登場してくるだろう。「企業は人なり」という言葉を、今一度かみしめなければならないと思う。

第十九則　女性の部下を意識しない

――男性もさまざま、女性もさまざま――

仕事を進めていくうえで、男性であるとか女性であるということは、本来全く関係のないことである。ビジネス上は、あくまでも仕事を共にする人間として見ることが基本だ。指導の仕方にしても、その評価にしても、決して男女差をつけるべきではない。特に四十歳以上の上司は心しておくべきだ。

今の若い人たちは幼い頃から男女差なく育ってきた。だから、そもそも男女に差があるという発想が少ない。ところが四十歳より上の世代は、どうしても女性を色メガネで見てしまう傾向がある。女性はすぐ感情的になるとか、客観的な判断に欠けるとか、そういう先入観を持って見てしまう。ますます女性の社会進出が進んでいくなか、これでは適切な部下育成ができない。

部下の能力、性格をまず見ながら指導をしていくのは大切なことだ。しかしそれは、あくまで個々人の能力、性格であって、男と女の能力、性格の違いではないのである。男の方がタフだというのも単なる思い込みかもしれない。男だって非常に繊細で、ちょっとしたことでも悩んでしまうような人間はいくらでもいる。一方女性にも、精神的に非常に逞しく、少々厳しいことを言われても素直に「なるほどそうか」と受けとめる人もたくさんいる。決して男だから女だからというのではなく、その人間の能力、性格なのである。これからは個々の能力、性格を見ながら多様な育成をしていく時代である。

――男の社会は力仕事の時代――

ここ二十年で急激に女性が社会へ進出してきた。この傾向は今後ますます進むであろう。それはなぜか。理由は科学技術、とりわけ情報技術の発達と産業構造の変化にある。それまでの仕事というのは、全体としては力仕事であった。いくらホワイトカラーといえども、力を要する場面が多かったのである。

たとえば私が松下電器に入社をした時に、すぐに事業計画表の作成を担当させられた。簡単に言えば、さまざまな製品のコストや生産台数を計算し、次の期の生産販売計画を立てるわけである。この表計算が非常に複雑でややこしい。おまけに私は算盤《そろばん》が苦手ときている。やってもやっても、なかなか生産台数の原価と売上げの合計が合わない。上司に内緒で休日に会社に出てやっていた。

ところがある日、この休日コッソリやっていたことが上司に見つかってしまった。叱られると思っていたら、上司は私に同情してくれた。そして確かスウェーデン製の電気計算機を買ってくれたのである。当時としては非常に珍しく貴重なもので、全社的に見ても数少ないものだったと思う。それを私の仕事のために買ってくれたのだから、ありがたいことだ。

ところがこの計算機、今では考えられないほどデッカイ。なにせ重さが十五キロほどもある代物だ。机の上でカチャカチャと数字を入れて、〝イコール〟のキーでも押そうものなら、机全体が揺れるくらいだ。

そんなものでも当時としては非常に便利なものだったので、みんなが貸してほしいと言ってくる。特に事務職の女性たちはいつも借りにくる。借りにくるのはいいのだが、女性だけで十五キロの計算機は到底運ぶことができない。結局は、そのたびに私が運んだり、手の空いている男性が手伝うということになった。

また、会議のために資料をそろえるというのも、肉体労働のようなものだった。

三十年も前のことである。今のように簡単にコピーができる時代ではなかった。コピーも液のなかを用紙が通って出てくる代物だった。私の部署では、小さな資料はほとんどカーボン紙で写して作成した。そんな時代である。コピーされた配布資料を時には数百枚単位で抱え、長い廊下を運ばなければならない。そういった状況のなかで、女性がマイナーな立場に置かれていったのは、一面いたしかたなかったのであろう。オーバーに言えば、有史以来「仕事」は重労働であり、力仕事であったのだ。

少し話はそれるが、「仕事」の極端な例が戦争であろう。戦争の始めは歴史的に見ても、小さな部族同士の小競り合い程度だった。その時代の大将は、たとえば卑弥呼でもよかった。

ところが戦争も大掛かりになり、銃を持ち、大砲を引っ張って何日も行軍しなければならない。そうなるとやはり女性は、肉体的ハンディがある。だんだんと女性は戦場という場所から後退していった。

同じように、重労働で力仕事の場から女性は身を引かざるを得なかった。そして、比較的力を必要としない家事を分担するようになっていく。だから私は、女性が仕事に性格が向いていない、能力がない、あるいは子供を産むから仕事の場から後退していったのではないと思っている。肉体的に男より力が弱かったからに過ぎない。ただそれだけの理由だと思っている。

――女性は知恵で勝負する――

ところが現代は科学技術が進歩した。電気計算機は手のひらサイズの電卓になり、便利なコピーやファクシミリという事務機器も登場した。工場などにおいてもボタン一つで機械を操作できる。重い荷物はロボットが運んでくれる。

今は女性でも肉体的ハンディを全く感じることなく、ほとんどの仕事ができる時代なのだ。純粋に「考える能力、知恵、アイデア」で男性と対等に勝負できるのである。もちろん男性と女性では多少の向き、不向きはあるかもしれない。しかし、基本的には、能力に男女の差というのは全くないと私は考えている。まして知恵が勝負の時代、知価社会になると、男女の間に違いはない。いや、むしろ、女性の方がいい知恵を出すということにもなるだろう。

あと十年、二十年すれば、男性も女性も渾然一体となって仕事をしていく時代になる。現在、女性の社長は、日本で約十万人ほどではないかと思うが、やがては大企業の女性社長も数多くなるだろう。すでに誕生もしている。わが国の政治の世界でも、女性が総理大臣を務めるようになるかもしれない。それが当然の成り行きなのである。

そんな時代が目前にきているのに、逆にすぐに女性差別だとヒステリックに叫ぶのは滑稽だ。なにか事あるごとに、やれ平等だ、差別だと騒ぎ立てる女性がいるが、それはかえって女性の地位を自らおとしめているような気がする。女性が差別を叫ぶことで、逆に自らのコンプレックスを言い募っていることになるし、女性がみすぼらしくなっていくのではないだろうか。

時代が要請するから、男社会が生まれていただけだ。しかし、これからは時代が女性を求めるようになる。絶叫しなくても、そういう時代になっていくだろう。

自然に女性が活躍する情報化の時代がくる。女性が騒ぐから、そういう時代がくるのではない。黙っていても時代が女性を求めるようになるのである。

――毅然とした態度を貫く――

上司が女性の部下を使っていく時に、まず考えておかなければならないことがある。それは、どこまで女性と意識せずに接することができるかだ。男性の部下と同じ口のきき方ができるか、同じ態度で接することができるかだ。

女性だからといって、甘やかしたような口をきく上司がいる。上司としての優しさをアピールしているようだが、結局は自分が女性を馬鹿にし、スポイルしているだけだ。得てして、こういう類いの上司は、男性の部下にも好き嫌いで接したり、特定の女性社員をひいきしたりするものだ。こんな上司が部下から信頼されるはずはない。

上司が、あるいは男性社員が必要以上に女性社員を意識しすぎると、職場のなかが暗くなる。異性に対する感情というのは、必ずそこに邪推や嫉妬が入りこんでくる。せっかくチームで仕事をしていこうとしているのに、妙な個人感情が入ることで、チームの輪は崩れてしまう。

なにも社内での恋愛がいけないというのではない。恋愛は一向にかまわないが、ただしその感情は決して仕事のフィールドに持ち込ませてはならない。仕事をしている時はあくまで同志だ。男性も女性も関係ないのである。互いにそうした姿勢と意識を保つことで、同じ目標に向かうことができる。みんなが心を一つにして目標に向かう時、自然と職場は明るい雰囲気になってくるのである。とりわけ上司は毅然とした態度を貫くべきだ。

――女性の特性を認めて才能を引き出す――

女性であれ、同じように仕事を与えていけばよい。男性と同じように評価もするべきだ。そして同じように扱ったうえで、その次に女性として見ればよい。女性が結婚をして子供がほしいと思っているのに、「今君に抜けられたら部にとっては痛手だから、もう少し子供をつくるのはやめてほしい」などと言うのは、非人間的であろう。単に自分の都合、仕事の都合を考えてのことだけである。人間として部下の幸せを考えることが、上司の最終的な役割だと思う。

まずは仕事をする人として見る。そしてその後で、一人の女性として見る。これは松下幸之助の言った「まずは冷静に判断して、その後にそっと情をつけや」という言葉に通じるだろう。

ところがまだまだ、この逆をやっている上司が多い。つまり、まずは女性だと見てしまう。女性だからどういう扱いをしようか、女性だからこういう仕事をさせようかということから出発をしている上司が多い。これほど女性をバカにした考え方はないだろうし、またこれでは女性の才能を伸ばすこともできないだろう。

それでもまだ、女性社員に偏見をもっている読者諸兄に一言。情報化の時代の女性はあなたたちが思っているほど精神的に弱くはない。そしてまた、あなたたちが思っているほど肉体的にも弱くはないのである。

第二十則
運をつかむ

――〝常に私は運が強い〟――

「運も実力のうち」という言葉があるように、仕事をしていくうえで、あるいは人生を過ごしていくうえで、この不思議なものが存在するのは確かである。運の強い人と仕事をすれば物事がうまく運び、弱い人と組むとどうにもうまくいかない。そんな、理屈では説明のできないものがあるものだ。

では、この〝運〟とはいったいなんなのか。結局、物事に対する解釈の問題だと私は思う。自分の体験や置かれた状況を悲観的にとらえるのではなく、楽観的かつ積極的にとらえていく。その先に運というものがついてくるのではないだろうか。

松下幸之助という人は、まさにそういう発想をする人だった。自分は学校を出ていない。普通ならば引け目に感じ、運が悪かったと思うだろうが、松下は、だから良かったのだと言うのである。学問もなくなにも知らないからこそ、みんなの知恵を集める「衆知経営」を考え出せた。身体が弱かったからこそ、「事業部制」というものを創り出し、それが成功したのだと考える。この考え方は仕事の場面だけではなかった。

こんなエピソードもある。

松下が十八歳の時、大阪電灯会社で働く前、アルバイトで大阪湾にある桜セメントで働いたことがあった。そこに蒸気船で通っていた。ある日船縁《ふなべり》に腰をかけていたら、向こうから歩いてきた人がちょうど松下の腰掛けているところで足を滑らせて海に落ちてしまった。その時、松下が巻き添えをくらった。その人が落ちる時、松下をつかんでしまい、二人して海に落ちてしまった。まさに運が悪いことこの上ない。私ならば、あんなところに腰掛けていなければよかった、その人さえ足を滑らせなければよかったのにと、運の悪さを嘆くだろう。

ところが、松下は〝私はなんて運がいいんだろうと思った〟と言う。〝落ちたのが夏だったのが良かった。もし冬であれば心臓麻痺でどうなっていたかわからない〟〝落ちてすぐに船が気がつき戻って助けてくれたのが良かった。もしすぐに気づいてくれなければ、おそらく溺れていただろう、そう考えると、実に運が良かった〟

と言う。

――運が強いと思って努力する――

確かに言われてみればその通りだが、なかなかそう考えられないのが人間である。ついつい自分の運の悪さを嘆き、また実力のなさを運のせいにしたくなるものである。松下はおそらく、自分の人生全てを受け入れていたのだと思う。自分に起こる全てのこと、自分にふりかかってきた全てのことを、〝運が強い〟と「解釈」した。自分の父親が家を潰してしまったことも、自分の身体が弱いことも、学問がないことも、自分の周りの状況をすべて受け入れ、運が強かったととらえたうえで、努力し、やるべきことを考えたのではないだろうか。

自らが自分を肯定しなければ、誰も自分を肯定してはくれない。自分で自分の力を信じなければ、誰も認めてはくれない。まずは自分の人生を肯定する。いかなる事態も自分にとって実に運が良かったととらえる。それが全ての出発点であり、事実、また松下はそう考えたのだろう。

松下にはマイナスの状況しかなかった。そこでマイナスにばかり目をやると、もう生きてはいけない。だから、マイナスをもプラスに見ていくことが、松下幸之助の生きる術《すべ》だったのかもしれない。

結局、運が強いということは、自分の周辺に起こった出来事をどれだけプラスに解釈できるか、そう考えてどれだけ努力することができるかということだ。そのように常に積極的な解釈をしていれば、自然と物事がうまくいくようなベクトルが身についていく。そういう雰囲気が身についてしまうのである。そうやって、松下は自らの力で、強い運というものを引き寄せてしまったのだと思う。

―― 明るさは強運の種 ――

仕事をしていくうえでも、運の強い人の側にいると、側にいる人も運が強くなっていく。これは現実に理解できるだろう。

運の強い人のところには、大きな仕事、いい仕事が集まってくる。もちろん運だけではなく、実力が伴うから集まるわけである。そして、どんな困難な仕事に対しても、積極的に取り組んでいく姿勢がその人にはある。つまり成功する確率も高くなるわけだ。

そういう人の側にいると仕事が回ってくる。「君、これを手伝ってくれないか」と。それだけではない。仕事への取り組み方、成功のノウハウを身近で見ているだけで、側にいる人たちには大いにプラスになるだろう。

運の強い人が成功する。そして、その成功のなかに自分もはまり込んでしまう。その繰り返しで、自分も運の強い人間、即ち「全てのことを運が強いと解釈し、努力すること」が身につくようになっていくのではないだろうか。

なによりも、運をもっている人、プラス思考の人には明るさがある。上司がプラス思考であれば、自然と職場は明るくなるものだ。職場が明るければ、当然やる気が起こってくる。チャレンジ精神もムクムクとわいてくる。自分が明るい気持ちであれば、他人への心配りも生まれてくるものだ。そうなれば放っておいても部下は一所懸命やるだろう。こういう雰囲気をつくり出すのが上司の役割であろう。

マイナス思考の上司には、決して部下は寄ってこない。どんなにいいことがあっても運が悪いと考える。だから努力する気力も生まれてこない。こういうマイナス思考の暗い人間などに近寄れば、こちらの運まで取られてしまうような気になる。

職場には絶対に明るさが必要である。この明るさ、明朗さがあれば、ひとまず、運が強い職場だと言えるだろう。明るさは強運の種である。

―全てを肯定して生きる―

私もよく、運が強いと言われることがある。なにをもってそう言われるのかは判らないが、私自身もそう思う。

松下幸之助と二十二年間、その側で仕事をしていると、やはり、いい仕事が回ってくる。たいへんな仕事だとは思うが、それだけ価値、値打ちのある仕事と言える。そういう仕事が運の強い人の側にいると回ってくる。回ってくると、だんだん力がついてくる。努力して解決するたびに実力もついてくる。

運の強い人の側にいると、かくの如く、いい仕事が運よく回ってくる。その繰り返しが続くと、なにか自分に降りかかってくる全てが幸運の星屑のように思えてくる。ちょっとこれは具合が悪いと思うようなことでも、気がつけば、これは運が良いと思い努力している自分に気づくことがある。

自分の経験したことや自分自身を全て肯定的に見ていくというのは、実際はなかなか難しいことだろう。もっと頭が良く生まれたかった、もっとハンサムに生まれたかったと、人間ならばそう思うこともあるだろう。それは私も同じだ。

しかし私は、自分を肯定して生きていきたい。運が強いと思い、努力していきたい。自分の仕事、自分のいる会社、自分の周りにいる人たちをプラスに見ながら生きていきたい。上司である前に、経営者である前に、一人の人間としてプラスに考えながら努力しながら歩いていこうと思う。

松下幸之助という世界的な経営者の下で仕事をしてきた。これは外から見れば大変に運の良いことかもしれない。だが私は、世界的な経営者の下にいたから良かったとは思っていない。「全てのことを運が強いと解釈し、努力し続けた」、そういう人の下にいたことが、大きな幸せだったと思っている。

結び　人間的成長こそ

――超高速時代の速さについていく――

上司として人を引っ張っていく、あるいは新しい仕事を創造していく時に、もっとも大切な条件の一つは時代を読む先見性であろう。先見性もなく、ただ既存の仕事だけをこなしているのでは、上司としてふさわしいとは言えない。そして時代を読むために必要なのは、やはり情報収集だ。

二十一世紀は超複雑化の時代だ。国際化は言うまでもなく、各産業間の垣根も取り払われる。いわば産業ミックスの時代へと突入する。

これまでは自分のいる業界の情報さえ押さえておけば、それで事足りた。化粧品メーカーの人間が、食品業界のことを知らなくてもやってこられた。しかしこれからは、そういう時代ではない。いつ異業種同士が手を組み、新しい産業が生まれるか分からないのである。したがって、業界の枠を超えた、幅広い分野での情報収集が必要になってくる。

たとえ芸能界の話であれファッションの話であれ、「私の仕事には関係ない」「くだらないことだ」と切り捨ててはいけない。あらゆる情報に目を向けるべきだ。若い部下たちは日常の仕事に追われているため、どうしても情報の視野が狭くなる。だからこそ上司の立場にある人は、巨視的に情報を集めて、新しい知恵、アイデアを生み出し、それを部下たちに伝えていかなければならないのである。

経営者のなかには、「私はアムラーも知らなかったんですよ。芸能界のことには全く興味がありませんね」「プリクラ？　あんなものは女の子がやってるんでしょう。バカげてますよ」などと、むしろ知らないことを自慢げに言う人がいる。しかし、今の時代でアムラーやプリクラを知らないようでは、時代は読めない。若い人たちの心をとらえている流行や文化は、政治や経済の情報と全く同じように重要な情報なのである。ましてや、パソコンができない、電子メールも送れない、インターネットを知らないということでは、これからの上司とは言えないと思う。時代の空気を察知するためには、できるだけアンテナを広げ、広い範囲の情報を集めることが重要なのである。

情報が集まれば、次にそれを取捨選択していかねばならない。雑多な情報が氾濫するなか、そのなかからいかに有益な情報を取り出し、自分の知恵を添えて活かすかという判断力が上司には求められる。もちろんこれは、いつの時代にも必要なことだ。ただひと昔前と違うことは、いかに早く判断するかという「迅速さ」「スピード」が求められることだ。素早く判断し、素早く実行に移していく。このスピードがないと、超高速の時代に取り残されてしまうであろう。そして、このスピードに対応するためには、瞬時に動ける体力とシャープな頭脳が必要となってくる。

そういう状況を見た時に、これからの時代、もう七十歳以上では社長は務まらないだろうと私は思っている。これまでは七十歳以上でも社長は務まった。それは時代のスピードがゆっくりとしていたからだ。じっくりと考える余裕があったからこそ、老化しつつある頭脳でゆっくり行動してもやっていくことができた。しかし、これからは違う。固い頭でのんびりと考えているヒマはないのである。

経営者だけでなく、組織のなかの上司も同じだ。四十代、あるいは三十代の人間がリーダーシップをとっていく時代である。それこそ二十一世紀には、三十代、四十代の人間にしか経営者は務まらなくなるだろう。そんなハードな時代がやってくるだろう。

部下育成に関してもまた、時代に合ったやり方をしていかなければならない。自分がもっている知識、これまで培ってきた技術を、小出しにしている場合ではない。大切に抱えていても、そのようなものはすぐに腐ってしまう。自分が入手した情報やノウハウを、すぐに部下へと伝えてこそ、有益な活用ができるのである。これはスピード化の時代ということもあるが、もう一つ理由がある。終身雇用の崩壊である。

——会社は駅舎である——

私はここ一、二年「企業ステーション論・駅舎論」というものを折あることに話している。

これまでは「企業ホーム論」であった。企業が我が家、つまり会社がホームだった。家庭だった。社員はずっと会社にいるわけだから、常に社員を長期的に育成していくことができた。しかしこれからは、会社は駅舎であるという発想だ。一つの駅には降り立つが、その駅にずっといるわけではない。何年かその駅にいて、また電車に乗って次の目的地へと向かっていく。それぞれの人間が最終目的地へ向かいながら、さまざまな駅、即ち会社を通過していく。そういう時代になっていくだろう。

これは決して悪い傾向だと私は思わない。個々人の知的水準が上がれば上がるほど、能力が高くなればなるほど、人の流動性が高くなるのは当然のことだ。それを考えたうえで、駅長は、その駅で降りる人間たちに、考え方やノウハウをできる限り教えてやるべきだ。

ＰＨＰ研究所でも時々、外へ飛び出していく人間がいる。自分の夢や希望を持ってＰＨＰを出ていく。私は決して引き止めることはしないし、むしろ応援している。私の経験からすれば、いい人材が出ていけば、また必ず代わりのいい人材が入ってくる。むしろ外部に出て行ってＰＨＰの考え方を基に、外の世界で活躍してくれれば、またＰＨＰ研究所の発展につながると思っている。なにもＰＨＰ研究所にいなければ、ＰＨＰの活動ができないということはないからだ。

「アイツはこの会社でノウハウを覚え、それを外で活用するなんて許せない」などという考え方を私は微塵も持っていない。そんな狭い考え方では、企業ステーションの時代にはついてゆけまい。「ウチの会社」という狭い視野ではなく、産業界全体、そして日本社会全体を見回す。その発展のために、より広い範囲で人材の異動を考える。そういうような広い視野を持つことが大切である。

——人間的成長あってこそ理想の上司——

さて、上司として考えるべきこと、やらねばならぬことを、私の経験のなかから書いてきた。先見性や判断力、あるいは実行力など、どれを取っても欠かすことのできないものだ。しかし、最終的にもっとも大切なのは、やはり人柄ではないかと思う。いくら科学技術が発達しても、仕事をするのはコンピュータではない。あくまでも人間が、多くの人と関わりながら仕事は進んでいく。その中心となり、人の心を引っ張ることができてこそ上司と呼べるのではないだろうか。

人柄とはなにか。それは一言で言えるものではない。温かさ、潔《いさぎよ》さ、誠実さ、素直さ、そのような要素が重なり合って人柄をつくっているのだろう。そしてこの人柄は、決して生まれつきだけのものではない。自らが努力して身につけ、創り出していくものなのである。自らが生きる美学と人生の哲学を持ち、常に考え続けることでそれは養われていく。

「人柄は顔に表れる」と言うが、まさにその通りだと思う。常に物事を深く考える人は、深く味のある顔になる。品格、品性が感じられる顔になる。常に人を騙そうと考えている人間は、自然と品性のない顔になってしまう。常に自分のことしか考えない人間は、どこかあざとい顔になっていく。そういうものであろう。

能力というのは、短期間で修得することができる。しかし人柄というのは短期間でつくれるものではない。日々なにを考え、どういう行動をしているかが、全て人柄やその人の雰囲気に出てしまうものだ。上司として、指導者としてだけでなく、人間としての品性を持ちたい。

〝後光のさす人間〟がいるものだ。その人を見ているだけで、その人の側にいるだけで、なんとなく心が明るくなる。誠実に頑張っていこうという気持ちになる。なんとなく周囲がポーッと明るく見える。そういう人間がいるものだ。そんな人間こそが、真の指導者、真の上司、理想の上司と呼べる人なのかもしれない。

信頼される上司、実力ある上司になるために、さまざまなテクニック、方法を学ぶことも大切である。しかし、やはりそれ以上に己《おのれ》の内側を高める。品格、品性を高める。軽薄な風潮にのらず、浮薄なマスコミに踊らされず、人間的成長をはかる。そういう上司になるよう努力したいものだと思う。

私自身も日々人間を考え、社会を考え、考え続けて、自らの人間的成長をはかる努力をしていきたいと思っている。

この作品は、一九九七年十二月にＰＨＰ研究所より刊行された。

著者紹介
江口克彦（えぐち　かつひこ）
ＰＨＰ総合研究所代表取締役副社長。
昭和15年生まれ。慶應義塾大学を卒業後、松下電器に入社。その後ＰＨＰ研究所。昭和51年より経営を任され、平成６年現職に就任。松下幸之助晩年の22年間、つねにその側で仕事をし、薫陶をうけてきた。著作に『心はいつもここにある』『経営秘伝』『松翁論語』『地域主権論』『成功の法則』『部下の哲学』『人間大事の哲学』『王道の経営』『人徳経営のすすめ』（以上、ＰＨＰ研究所）、『成功する経営　失敗する経営』（ＰＨＰソフトウェア・グループ）、『部下を育てる12の視点』（経済界）、『幸せとはなにか』（大和出版）などがある。また大阪大学客員教授、経済同友会幹事（地方行財政委員会委員長）、研究提言機構「世界を考える京都座会」コアメンバー、「歴史街道」推進協議会理事、松下社会科学振興財団専務理事等に就任。また内閣総理大臣諮問機関経済審議会特別委員、松下電器産業株式会社理事、東京杉並区21世紀ビジョン審議会委員等を歴任している。

ＰＨＰ文庫　上司の哲学
部下に信頼される20の要諦

2001年11月15日　第１版第１刷
2007年10月17日　第１版第12刷

著　者　江　口　克　彦
発行者　江　口　克　彦
発行所　ＰＨＰ研究所
東京本部　〒102-8331　千代田区三番町３番地10
文庫出版部　☎03-3239-6259
普及一部　☎03-3239-6233
京都本部　〒601-8411　京都市南区西九条北ノ内町11
PHP INTERFACE　http://www.php.co.jp/
制作協力
組　版　ＰＨＰエディターズ・グループ
印刷所
製本所　凸版印刷株式会社

© Katsuhiko Eguchi 2001 Printed in Japan
落丁・乱丁本は送料弊所負担にてお取り替えいたします。
ISBN4-569-57660-5

PHP文庫

会田雄次　合理主義
会田雄次　歴史家の心眼
相部和男　非行の火種は3歳に始まる
相部和男　問題児は問題の親がつくる
青木　功　勝つゴルフの法則
青木　功　ゴルフわが技術
安部譲二　母さん、ごめんなさい
阿川弘之　論語知らずの論語読み
阿川弘之　日本海軍に捧ぐ
阿部　聡　「人間の体」99の謎
井原隆一　財務を制するものは企業を制す
井原隆一　財務がわかる人になれ
板坂　元　男の作法
板坂　元　紳士の作法
板坂　元　男のこだわり
池波正太郎　霧に消えた影
池波正太郎　信長と秀吉と家康
池波正太郎　さむらいの巣
入江雄吉　「経済学」の基本がわかる本
稲盛和夫　成功への情熱―PASSION―

井上洋治　キリスト教がよくわかる本
池ノ上直隆　会社をつくって成功する法
稲葉　稔　大村益次郎
磯淵　猛　おいしい紅茶生活
石川能弘　山本勘助
石島洋一　決算書がおもしろいほどわかる本
石島洋一　これならわかる「会社の数字」
石島洋一　だいたいわかる「決算書」の読み方
飯田史彦　生きがいの創造
飯田史彦　生きがいのマネジメント
飯田史彦　大学で何をどう学ぶか
飯田史彦　生きがいの本質
伊藤雅俊　商いの道
今泉正顕　論語に親しむ
糸瀬　茂　アングロサクソンになれる人が成功する
泉　秀樹　「東海道五十三次」おもしろ探訪
梅原　猛　『歎異抄』入門
内海好江　気遣い心遣い
瓜生　中　やさしい般若心経
瓜生　中　仏像がよくわかる本

内田洋子　イタリアン・カップチーノをどうぞ
江坂　彰　2001年・サラリーマンはこう変わる
江坂　彰　「能力主義」で成功する50のポイント
遠藤周作　あなたの中の秘密のあなた
遠藤周作　恋することと愛すること
江口克彦　心はいつもここにある
江口克彦　経営秘伝
松下幸之助述　江口克彦記　松翁論語
江口克彦　王道の経営
江口克彦　成功の法則
江口克彦　成功の智恵
遠藤順子　夫の宿題
エンサイクロネット　「日本経済」なるほど雑学事典
エンサイクロネット　「言葉のルーツ」おもしろ雑学
岡崎久彦　陸奥宗光　上巻
岡崎久彦　陸奥宗光　下巻
奥宮正武　真実の太平洋戦争
奥宮正武　真実の日本海軍史
奥宮正武　淵田美津雄　ミッドウェー
奥宮正武　淵田美津雄　機動部隊

PHP文庫

奥宮正武 堀越二郎 零戦
小和田哲男 戦国合戦事典
尾崎哲夫 10時間で英語が話せる
尾崎哲夫 10時間で英語が読める
尾崎哲夫 英会話「使える表現」ランキング
尾崎哲夫 10時間で覚える英単語
尾崎哲夫 10時間で英語が書ける
尾崎哲夫 10時間で英語が聞ける
尾崎哲夫 英会話「使える単語」ランキング
尾崎哲夫 10時間で覚える英文法
尾崎哲夫 TOEIC®テストを攻略する本
尾崎哲夫 大人のための英語勉強法
越智幸生 小心者の海外一人旅
大前研一 柔らかい発想
小栗かよ子 堀田明美 エレガント・マナー講座
大島秀太 世界一やさしいパソコン用語事典
大島昌宏 結城秀康
大島昌宏 柳生宗矩
太田㵎衣 5年後のあなたを素敵にする本
太田㵎衣 すてきな女性のイキイキ仕事術

大橋武夫 戦いの原則
奥山文弥 「釣り」がもっと楽しくなる本
呉善花 日本が嫌いな日本人へ
呉善花 日本人を冒険する
大原敬子 「かしこいお母さん」になる本
大原敬子 こんな小さなことで愛される77のマナー
岡本好古 韓信
唐津一 販売の科学
加藤諦三 愛されなかった時どう生きるか
加藤諦三 いま就職をどう考えるか
加藤諦三 自分にやさしく生きる心理学
加藤諦三 自分を見つめる心理学
加藤諦三 「思いやり」の心理
加藤諦三 愛すること 愛されること
加藤諦三 「やさしさ」と「冷たさ」の心理
加藤諦三 自分の構造
加藤諦三 人生の悲劇は「よい子」に始まる
加藤諦三 「甘え」の心理
加藤諦三 「自分づくり」の法則
加藤諦三 偽りの愛・真実の愛

加藤諦三 「こだわり」の心理
加藤諦三 親離れできれば生きることは楽になる
加藤諦三 「つらい努力」と「背伸び」の心理
加藤諦三 「自分」に執着しない生き方
加藤諦三 「不機嫌」になる心理
加藤諦三 終わる愛 終わらない愛
加藤諦三 「せつなさ」の心理
加藤諦三 生き方を考えながら英語を学ぶ
加藤諦三 やせたい人の心理学
加藤諦三 20代の私をささえた言葉
加藤諦三 「青い鳥」をさがしすぎる心理
加藤諦三 行動してみることで人生は開ける
加藤諦三 「妬み」を捨て「幸せ」をつかむ心理学
加藤諦三 自分を活かす心理学
加藤諦三 辛さに耐える心理学
加藤諦三 自分に気づく心理学
加藤諦三 自立と孤独の心理学
加藤諦三 自分の居場所をつくる心理学
笠巻勝利 仕事が嫌になったとき読む本
笠巻勝利 眼からウロコが落ちる本

PHP文庫

加野厚志　島津義弘
加野厚志　本多平八郎忠勝
川北義則　逆転の人生法則
川北義則　人生・愉しみの見つけ方
川北義則　親は本気で叱れ！
樺旦純　嘘が見ぬける人、見ぬけない人
樺旦純　ウマが合う人、合わない人
樺旦純　人を動かす心理テクニック
樺旦純　運がつかめる人つかめない人
樺旦純　頭がヤワらかい人・カタい人
樺旦純　うっとうしい気分を変える本
樺旦純　人はなぜ他人の失敗がうれしいのか
加藤蕙　島津斉彬
川島令三 編著　鉄道なるほど雑学事典
川島令三 編著　鉄道なるほど雑学事典2
川島令三 編著　通勤電車なるほど雑学事典
川島令三／岡田直　鉄道のすべてがわかる事典
川島令三　私の電車史
金盛浦子　あなたらしいあなたが一番いい
神川武利　秋山真之

神川武利　米内光政
快適生活研究会　「料理」ワザあり事典
快適生活研究会　「生活」ワザあり事典
快適生活研究会　「おしゃれ」ワザあり事典
快適生活研究会　「ガーデニング」ワザあり事典
快適生活研究会　「海外旅行」ワザあり事典
快適生活研究会　「ダンドリ」ワザあり事典
狩野直禎　「韓非子」の知恵
神谷満雄　鈴木正三
邱永漢　お金持ち気分で海外旅行
桐生操　イギリス怖くて不思議なお話
桐生操　イギリス不思議な幽霊屋敷
桐生操　世界史怖くて不思議なお話
桐生操　世界の幽霊怪奇物語
桐生操　世界史・呪われた怪奇ミステリー
北岡俊明　ディベートがうまくなる法
北岡俊明　最強のディベート術
北岡俊明　ディベート式「文章力」の磨き方
菊池道人　丹羽長秀
菊池道人　蒙古襲来

北嶋廣敏　話のネタ大事典
日下公人　裏と表から考えなさい
国司義彦　「30代の生き方」を本気で考える本
国司義彦　「40代の生き方」を本気で考える本
国司義彦　「20代の生き方」を本気で考える本
国司義彦　新・定年準備講座
国司義彦　はじめての部下指導
国司義彦　「よい会社」の選び方
黒部亨　後藤又兵衛
黒部亨　松永弾正久秀
黒岩重吾　古代史の真相
国沢光宏　とっておきクルマ学
国沢光宏　愛車学
公文教育研究所　太陽ママのすすめ
黒鉄ヒロシ　新選組
黒鉄ヒロシ　坂本龍馬
神坂次郎　天馬の歌 松下幸之助
神坂次郎　特攻隊員の命の声が聞こえる
今野信雄　定年5年前
國分康孝　人間関係がラクになる心理学

PHP文庫

國分康孝 自分を変える心理学
國分康孝 自分をラクにする心理学
國分康孝 心を伝える技術
児玉佳子
須藤亜希子 赤ちゃんの気持ちがわかる本
近藤唯之 プロ野球 新サムライ列伝
近藤唯之 プロ野球 名人列伝
近藤唯之 プロ野球通になれる本
近藤唯之 プロ野球 運命を変えた一瞬
近藤唯之 プロ野球 男の美学
近藤唯之 プロ野球 新・監督列伝
近藤唯之 プロ野球 男たちの勲章
近藤唯之 プロ野球 遅咲きの人間学
郡 順史 佐々成政
小石雄一 「朝」の達人
小石雄一 「週末」の達人
小林祥晃 Dr.コパの風水の秘密
小林祥晃 恋と仕事に効くインテリア風水
小林祥晃 12カ月風水開運法
小林祥晃 Dr.コパ お金がたまる風水の法則
小池直己 英文法を5日間で攻略する本

小池直己 3日間で征服する「実戦」英文法
小池直己 英会話の「決まり文句」
小池直己 TOEIC®テストの「決まり文句」
小池直己 TOEIC®テストの英文法
小林克己 「ヨーロッパ」1日7000円の旅行術
コイケ・ケイコ
チョン・ウンスク チープグルメ探険隊、韓国を行く!
木幡健一 「マーケティング」の基本がわかる本
今野 勉 真珠湾奇襲・ルーズベルトは知っていたか
コリン・ターナー
早野依子 訳 あなたに奇跡を起こすやさしい100の方法
小堀桂一郎 さらば東京裁判史観
佐々淳行 危機管理のノウハウ PART1
佐々淳行 危機管理のノウハウ PART2
佐々淳行 危機管理のノウハウ PART3
櫻木健古 「潔く」生きる
斎藤茂太 立派な親ほど子供をダメにする
斎藤茂太 心のウサが晴れる本
斎藤茂太 男を磨く酒の本
斎藤茂太 逆境がプラスに変わる考え方
斎藤茂太 初対面で相手の心をつかむ法
斎藤茂太 満足できる人生のヒント

斎藤茂太 10代の子供のしつけ方
斎藤茂太 心がラクになる事典
堺屋太一 豊臣秀長 上巻
堺屋太一 豊臣秀長 下巻
堺屋太一 鬼と人と 上巻
堺屋太一 鬼と人と 下巻
堺屋太一 組織の盛衰
佐竹申伍 島左近
佐竹申伍 蒲生氏郷
佐竹申伍 真田幸村
佐竹申伍 加藤清正
阪本亮一 できる営業マンはお客と何を話しているのか
阪本亮一 説得の鉄則
阪本亮一 対人関係が上手になる本
柴門ふみ フーミンのお母さんを楽しむ本
柴門ふみ 恋愛論
佐藤愛子 上機嫌の本
佐藤綾子 自分を見つめなおす22章
佐藤綾子 かしこい女は、かわいく生きる。
佐藤綾子 すてきな自分への22章

PHP文庫

佐藤綾子　「自分育て」のすすめ
佐藤綾子　「愛されるあなた」のつくり方
佐治晴夫　宇宙の不思議
佐治晴夫　宇宙はささやく
酒井美意子　花のある女の子の育て方
佐藤悌二郎　経営の知恵　トップの戦略
佐藤勝彦 監修　「相対性理論」を楽しむ本
佐藤勝彦 監修　最新宇宙論と天文学を楽しむ本
佐藤勝彦 監修　「量子論」を楽しむ本
坂崎善之　本田宗一郎の流儀
坂崎重盛　「ほめ上手」には福きたる
坂崎重盛　なぜ、この人の周りに人が集まるのか
真田信治　標準語の成立事情
渋谷昌三　外見だけで人を判断する技術
渋谷昌三　対人関係で度胸をつける技術
渋谷昌三　使える心理ネタ43
渋谷昌三　かくれた自分がわかる心理テスト
渋谷昌三　駆け引きと裏読みの技術
渋谷昌三　心理学が使える人が成功する
真藤建志郎　ことわざを楽しむ辞典

芝　豪　河井継之助
芝　豪　太公望
所澤秀樹　鉄道の謎なるほど事典
所澤秀樹　鉄道なるほど旅行術
陣川公平　よくわかる会社経理
陣川公平　「会社経理」なるほどゼミナール
陣川公平　これならわかる「経営分析」
重松一義　江戸の犯罪白書
柴田　武　知ってるようで知らない日本語
鈴木秀子　自分探し、他人探し
鈴木　豊　「顧客満足」の基本がわかる本
世界博学倶楽部　「世界地理」なるほど雑学事典
瀬島龍三　大東亜戦争の実相
関　裕二　古代史の秘密を握る人たち
曽野綾子　夫婦、この不思議な関係
竹村健一　運の強い人間になる法則
谷沢永一　司馬遼太郎の贈りもの
谷沢永一　司馬遼太郎の贈りものII
谷沢永一　反日的日本人の思想
谷沢永一／渡部昇一　人生は論語に窮まる

高橋　浩　頭のいい人悪い人、その差はここだ！
武岡淳彦　新釈孫子
田中澄江　子供にいい親 悪い親
田中澄江　「しつけ」の上手い親・下手な親
田中澄江　かしこい女性になりなさい
田中澄江　続・かしこい女性になりなさい
武光　誠　18ポイントで読む日本史
田中真澄　なぜ営業マンは人間的に成長するのか
田中眞紀子　時の過ぎゆくままに
高橋克彦　風の陣〔立志篇〕
田原　紘　「絶対感覚」ゴルフ
田原　紘　右脳を使うゴルフ
田原　紘　目からウロコのパット術
田原　紘　田原紘のイメージ・ゴルフ
田原　紘　飛んで曲がらない「二軸打法」
田原　紘　ゴルフ下手が治る本
田原　紘　負けて覚えるゴルフ
田原　紘　実践50歳からのパワーゴルフ
田原　紘　ゴルフ曲がってあたりまえ
田原　紘　上手いゴルファーはここが違う

PHP文庫

高橋和島　福島正則
高橋勝成　ゴルフ最短上達法
田中誠一　ゴルフ上達の科学
立川志の輔 選・監修／PHP研究所 編　古典落語100席
立川志の輔 監修／古木優・高田裕史 編　千字寄席
高橋安昭　会社の数字に強くなる本
高野　澄　上杉鷹山の指導力
高野　澄　井伊直政
高野　澄　歴史人物 意外なウラ話
高野　澄　日蓮
田島みるく 文／絵　お子様ってやつは
田島みるく 文／絵　「出産」ってやつは
高嶌幸広　説明上手になる本
高嶌幸広　説得上手になる本
高嶌幸広　ほめ上手・叱り上手になる本
高嶌幸広　話し方上手になる本
立石　優　鈴木貫太郎
立石　優　范蠡
竹内靖雄　「日本人らしさ」とは何か
武田鏡村　名禅百話

武田鏡村　前田利家の謎
田中　宇　国際情勢の見えない動きが見える本
高宮和彦 監修　健康常識なるほど事典
高川敏雄　「IT用語」に強くなる本
高川敏雄　「ネットビジネス」入門の入門
多賀一史　日本海軍艦艇ハンドブック
西野広祥　中国古典百言百話2　韓非子
丹羽隼兵　中国古典百言百話3　三国志
村山　孚　中国古典百言百話4　孫子
守屋　洋　中国古典百言百話6　老子・荘子
久米旺生　中国古典百言百話7　論語
柘植久慶　北朝鮮軍 ついに南侵す！
柘植久慶　旅順
出口保夫 文／出口雄大 イラスト　英国紅茶への招待
出口保夫　英国紅茶の話
出口保夫／林　望　イギリスはかしこい
寺林　峻　服部半蔵
帝国データバンク情報部 編　危ない会社の見分け方
童門冬二　「情」の管理・「知」の管理
童門冬二　勝海舟の人生訓

童門冬二　上杉鷹山の経営学
童門冬二　戦国名将一日一言
童門冬二　上杉鷹山と細井平洲
童門冬二　名補佐役の条件
童門冬二　宮本武蔵の人生訓
戸部新十郎　忍者の謎
戸部新十郎　戦国興亡 武将たちの進退
戸部新十郎　信長の合戦
外山滋比古　親は子に何を教えるべきか
外山滋比古　聡明な女は話がうまい
外山滋比古　子育ては言葉の教育から
外山滋比古　文章を書くこころ
外山滋比古　新編 ことばの作法
外山滋比古　文章を書くヒント
外山滋比古　家族に大切な60の話
土門周平　参謀の戦争
永崎一則　ちょっといい話200選
永崎一則　人はことばに励まされ、ことばで鍛えられる
永崎一則　話力があなたの人生を変える
永崎一則　接客上手になる本

PHP文庫

PHP文庫

- 長崎快宏 アジア・ケチケチ一人旅
- 長崎快宏 アジア笑って一人旅
- 長崎快宏 アジアでくつろぐ
- 長崎快宏 アジア・食べまくり一人旅
- 中津文彦 日本史を操る 興亡の方程式
- 中津文彦 闇の関ヶ原
- 中津文彦 おりょう残夢抄
- 中江克己 神々の足跡
- 中江克己 日本史怖くて不思議な出来事
- 中江克己 「歴史」の意外なネタ366日
- 中江克己 お江戸の意外な生活事情
- 中森じゅあん 「幸福の扉」を開きなさい
- 夏坂 健 ゴルフの「奥の手」
- 永峯清成 上杉謙信
- 中山庸子 「夢ノート」のつくりかた
- 中山庸子 夢生活カレンダー
- 中山庸子 いつだって幸せコーディネイト
- 長瀬勝彦 うさぎにもわかる経済学
- 中西 安 数字が苦手な人の経営分析
- 鳴海 丈 柳屋お藤捕物帳
- 中澤天童 名古屋の本
- 中村吉右衛門 半ズボンをはいた播磨屋
- 中山み登り 「あきらめない女」になろう
- 中原英臣 ヒトゲノムのすべて
- 中原英臣 監修 よくわかる「バイオテクノロジー」最前線
- 中島道子 前田利家と妻まつ
- 西田通弘 隗より始めよ
- 西尾幹二 歴史を裁く愚かさ
- 西尾幹二 藤岡信勝 国民の油断
- 丹羽基二 知って楽しい「苗字」のウンチク
- 日本語表現研究会 気のきいた言葉の事典
- 日本語表現研究会 間違い言葉の事典
- 二宮隆雄 雑賀孫市
- 日本博学倶楽部 「県民性」なるほど雑学事典
- 日本博学倶楽部 「歴史」の意外な結末
- 日本博学倶楽部 「日本地理」なるほど雑学事典
- 日本博学倶楽部 「関東」と「関西」こんなに違う事典
- 日本博学倶楽部 雑学大学
- 日本博学倶楽部 世の中の「ウラ事情」はこうなっている
- 日本博学倶楽部 身のまわりの大疑問
- 日本博学倶楽部 「関東」と「関西」おもしろ比較読本
- 日本博学倶楽部 「漢字」なるほど雑学事典
- 日本博学倶楽部 歴史の意外な「ウラ事情」
- 日本博学倶楽部 あの「迷信・ジンクス」は本当か？
- 日本博学倶楽部 身近な「モノ」の超意外な雑学
- 西野武彦 経済用語に強くなる本
- 西野武彦 「金融」に強くなる本
- 西野武彦 「株のしくみ」がよくわかる本
- 西野武彦 「投資と運用」のしくみがわかる本
- 西野武彦 「金融機関のしくみ」がよくわかる本
- 沼田 朗 ネコは何を思って顔を洗うのか
- 沼田陽一 イヌはなぜ人間になつくのか
- 野村正樹 朝・出勤前90分の奇跡
- 野村敏雄 宇喜多秀家
- 野村敏雄 大谷吉継
- 野村敏雄 小早川隆景
- 野口吉昭 コンサルティング・マインド
- 野口靖夫 超メモ術
- 浜尾 実 子供のほめ方・叱り方
- 浜尾 実 子供を伸ばす一言、ダメにする一言

PHP文庫

畠山芳雄　人を育てる100の鉄則
半藤一利　日本海軍の興亡
半藤一利　ドキュメント太平洋戦争への道
半藤一利　完本・列伝 太平洋戦争
半藤一利　レイテ沖海戦
浜野卓也　北条時宗
浜野卓也　黒田官兵衛
浜野卓也　吉川元春
浜野卓也　蜂須賀小六
花村奨　前田利家
原田宗典　平凡なんてありえない
葉治英哉　松平容保
葉治英哉　張良
春田俊郎　植物は不思議がいっぱい
羽生道英　徳川家光
羽生道英　東郷平八郎
ハイパープレス　「地図」はこんなに面白い
林望　リンボウ先生のへそまがりなる生活
秦郁彦　ゼロ戦20番勝負
ひろさちや　仏教に学ぶ八十八の智恵

PHP研究所 編　本田宗一郎「一日一話」
PHP研究所 編　違いのわかる事典
平井信義　けんかを忘れた子どもたち
平井信義　5歳までのゆっくり子育て
平井信義　思いやりある子の育て方
平井信義　子供を伸ばす親・ダメにする親
平井信義　親がすべきこと・してはいけないこと
平井信義　子どもの能力の見つけ方・伸ばし方
平井信義　子どもを叱る前に読む本
平井信義　よい子・悪い子
平井信義　「叱らないで」おかあさん
弘兼憲史　覚悟の法則
PHP総合研究所 編　松下幸之助 発想の軌跡
PHP総合研究所 編　松下幸之助 若き社会人に贈ることば
PHP総合研究所 編　松下幸之助・経営の真髄
PHP総合研究所 編　松下幸之助「一日一話」
火坂雅志　魔界都市・京都の謎
PHPエディターズ・グループ　図解「パソコン入門」の入門
PHPエディターズ・グループ　図解パソコンでグラフ・表づくり
藤本義一 丹波元　大阪人と日本人

福島哲史　「書く力」が身につく本
二見道夫　できる課長・係長30の仕事
渕田美津雄　真珠湾攻撃
ファン・スンジェ コリアンワークス　韓国ソウルをとことん楽しむ
向山洋一 編 井上好文 著　中学校の数学「数式」を5時間で攻略する本
向山洋一 編 井上好文 著　中学校の数学「図形」を5時間で攻略する本
向山洋一 編 渡辺尚人 著　小・中学校の「日本史」を20場面で完全理解
向山洋一 編 渡辺尚人 著　中学校の「世界史」を20場面で完全理解
向山洋一 編 小森栄治 著　中学校の「理科」がよくわかる本
向山洋一 編 村田斎 著　思考力が伸びる「算数の良問」ベスト72題
北條恒一　「株式会社」のすべてがわかる本
北條恒一　「連結決算」がよくわかる本
北條恒一　「資金繰り」がよくわかる本
星亮一　山中鹿之介
星亮一　山口多聞
星亮一　ジョン万次郎
星亮一　渕田美津雄
保阪正康　太平洋戦争の失敗・10のポイント
保阪正康　昭和史がわかる55のポイント
松下政経塾 編　松下政経塾講話録

PHP文庫

PHP文庫

三戸岡道夫 大山巌
水木しげる 監修 妖かしの宴
水木しげる 監修 変化〈へんげ〉
雅孝司 パズル大学
雅孝司 おもわず人に話したくなる「日本語」の本
三波春夫 歌藝の天地
村山孚 「論語」一日一言
村松増美 だから英語は面白い
守屋洋 中国古典一日一言
守屋洋 新釈菜根譚
百瀬明治 徳川秀忠
百瀬明治 般若心経の謎
森本哲郎 ソクラテス最後の十三日
森本繁 徳川三代99の謎
森本繁 北条時宗と蒙古襲来99の謎
森本邦子 わが子が幼稚園に通うとき読む本
安岡正篤 活眼活学
安井かずみ 自分を愛するこだわりレッスン
八尋舜右 竹中半兵衛
八尋舜右 立花宗茂

山﨑武也 一流の条件
山﨑武也 一流の人間学
山﨑武也 一流の作法
山﨑武也 男のマナー
山﨑武也 岡倉天心『茶の本』を読む
山崎房一 いじめない、いじめられない育て方
山崎房一 強い子・伸びる子の育て方
山崎房一 心が軽くなる本
山崎房一 心がやすらぐ魔法のことば
山崎房一 子どもを伸ばす魔法のことば
山崎房一 どんどんほめればグングン伸びる
山田正二 監修 間違いだらけの健康常識
八幡和郎 47都道府県うんちく事典
スーザン・ヘイワード 編 山川紘矢・亜希子 訳 聖なる知恵の言葉
矢野新一 出身地でわかる性格・相性事典
八坂裕子 ハートを伝える聞き方、話し方
山形琢也 会社をのばす幹部つぶす幹部
唯川恵 明日に一歩踏み出すために
吉村作治 古代遺跡を楽しむ本
吉村作治 古代エジプトを掘る

吉沢久子 暮らし上手は生きかた上手
横田敏勝 監修 脳の不思議を楽しむ本
吉田俊雄 連合艦隊の栄光と悲劇
吉田俊雄 マリアナ沖海戦
読売新聞大阪編集局 雑学新聞
竜崎攻 真田昌幸
渡辺和子 美しい人に
渡辺和子 心に「愛」がなければ
渡辺和子 愛をこめて生きる
渡辺和子 愛することは許されること
渡部昇一 日本人の本能
鷲田小彌太 大学教授になる方法
鷲田小彌太 自分で考える技術
鷲田小彌太 「自分の考え」整理法
鷲田小彌太 パソコンで考える技術
鷲田小彌太 「やりたいこと」がわからない人たちへ
ブライアン・L・ワイス 山川紘矢・亜希子 訳 前世療法
ブライアン・L・ワイス 山川紘矢・亜希子 訳 前世療法 2
ブライアン・L・ワイス 山川紘矢・亜希子 訳 魂の伴侶—ソウルメイト
和田秀樹 女性が元気になる心理学